Martin Rupps

Wir Babyboomer

HERDER spektrum

Band 6089

Das Buch

Das gab es noch nie: zwischen 1959 und 1964 wurden mehr Kinder geboren als je zuvor, allein 1964 sind es 1.357.000. Jetzt werden die Babyboomer 50. Sie sind im besten Alter und blicken auf spannende, wechselvolle Jahre zurück: Kindheit und Jugend zwischen Prilblumen und Bandsalat, Schwarz-Weiß-Fernsehen und Überfüllung – vom Kindergarten an. Martin Rupps, Jahrgang 1964, geht auf Spurensuche. Seine Erfahrungen und Erlebnisse teilt er mit Millionen anderen. Und wie alle Generationen vor ihnen stellen auch die Babyboomer fest: Die eigene Zeit war die beste, die es je gab. Trotz allem.

„Klasse war: Wir waren viele. Ob der Kampf fürs Jugendhaus, die Fahrt zur Friedensdemo oder die Moped-Clique – immer fand ich genug Leute, mit denen ich ‚was los' machen konnte. Gestört hat mein freies Leben in meiner Jugendzeit eigentlich nur die Schule." (Ute Vogt)

„Ein unterhaltsames Déjà-vu." (Myself)

„Nicht nur für alle Jahrgang 1959 und 1964. Schwelgen und Schmunzeln." (Blick Schweiz)

Der Autor

Martin Rupps, geb. 1964, Kindheit, Pubertät und Erreichen der Volljährigkeit in einer westdeutschen Mittelstandsfamilie. Studium der Politikwissenschaft, Neuesten Geschichte und Wirtschafts- und Sozialgeschichte, Abschluss mit Promotion. Heute beim Südwestrundfunk beschäftigt, wo er für den Sender 3Sat arbeitet. Autor von Sachbüchern, bei Herder u.a. „Helmut Schmidt. Mensch – Staatsmann – Moralist." In Vorbereitung: „Ich will nicht mehr 20 sein".

www.babyboomer-forum.de

Martin Rupps

Wir Babyboomer

Die wahre Geschichte unseres Lebens

HERDER

FREIBURG · BASEL · WIEN

Für SB

N' oubliez jamais
I heard my father say
Every generation has its way

Joe Cocker, „N'oubliez jamais", 1997

Das Foto auf dem Buchumschlag stammt aus dem Jahr 1971. Unter anderem zeigt es ein Exemplar des Opel Admiral B. Der abgebildete Wagen verfügte über ein schwarzes Vinyldach. Die Innenausstattung war beige. Diese Generation des „Admiral" wurde zwischen 1969 und 1977 gebaut. Die Babyboomer fuhren darin ohne Kindersitz mit. Manchmal durften sie sogar vorne sitzen. Wenn sie doch auf den Rücksitz mussten, blieb ihnen – anders als heute – der Sicherheitsgurt erspart.

Titel der Originalausgabe:
Wir Babyboomer. Die wahre Geschichte unseres Lebens

ISBN 978-3-451-29726-7

www.herder.de

Umschlagkonzeption und -gestaltung:
R·M·E Eschlbeck / Botzenhardt / Kreuzer
Umschlagmotiv: © Foto privat

Satz: Dtp-Satzservice Peter Huber, Freiburg
Herstellung: fgb · freiburger graphische betriebe
www.fgb.de

Gedruckt auf umweltfreundlichem, chlorfrei gebleichtem Papier
Printed in Germany

ISBN 978-3-451-06089-2

Inhalt

Wir waren überall zu viel

Im Kindergarten spielten wir „Die Reise nach Jerusalem". Wir standen in einer Ecke des Raumes, in der Mitte unsere Stühle – allerdings einer zu wenig. Es lief irgendeine Musik. Wenn die Musik verstummte, ging das Geschrei los, so aufgeregt waren wir. Es ging um viel. Schon nach dem ersten Durchgang konnte alles vorbei sein. Wir liefen auf die Stühle zu und setzten uns. Wer keinen Stuhl erwischte, schied aus. Welche Schmach! Er musste aus dem Spielfeld gehen und zusehen, wie andere länger durchhielten als er und eine oder einer am Ende gewann.

„Die Reise nach Jerusalem" steht für das Lebensgefühl einer ganzen Generation, der Babyboomer. Wir waren überall zu viel. Wir sind es bis heute. Ein Stuhl fehlt immer, häufig mehr.

Deutschland (West) und Deutschland (Ost) haben nach dem Zweiten Weltkrieg schon ein halbes Dutzend Generationen erlebt. Die Flakhelfer-Generation eines Helmut Schmidt wurde aus dem Dritten Reich als junge Erwachsene entlassen. Es folgte eine Generation, die in den Trümmern des Krieges spielte, es sind die Eltern von uns Babyboomern. Die spätere Achtundsechziger-Generation feiert in Sachen Selbstvermarktung die größten Erfolge. Sie wirft einen so langen Schatten, dass die Generation danach nur die „Generation Z" genannt wird, also die „Zaungäste" der Achtundsechziger.

Danach kommen wir, die Babyboomer, und das ist gut so. Wir sind eine Generation von eigenem Wert. Schon weil wir die meisten sind. In den Jahren 1959 bis 1964 haben Deutschland (West) und Deutschland (Ost) mehr Menschenkinder bekommen als je vorher und je später. Geburtenstärke bedeutet die stärkste aller Stärken. Wir sind einzigartig in unserer Vielheit. Ein einziges Mal, für uns, gilt: Masse ist Klasse.

Den Angehörigen der „Generation Golf“ und der „Generation Ally“, frei nach den Namen eines Biedermann-Autos und einer liebeskummergeplagten Fernseh-Figur, gehört mein aufrichtiges Bedauern. Sie sind zwar jünger und damit besser erhalten als wir Babyboomer, aber dafür werden sie null Rente bekommen und Neuseeland wegen des Ozonlochs meiden müssen.

Auf die „Allys“ folgt die „Generation Praktikum“, die Frauen und Männer zwischen 25 und 30. Sie heißen so, weil sie ihr Leben als eine Perlenschnur von Praktika führen, halb weil sie es müssen, halb weil sie es so wollen. Mangels Lehrstellen und Arbeitsplätzen brauchen sie Jahre, um sich in das Berufsleben einzufädeln. Sie haben es aber auch noch nicht so eilig wie einst wir Babyboomer, weil Leben für sie etwas anderes bedeutet als Arbeit und Karriere.

Ja und dann sind wir Babyboomer ja selbst Mütter und Väter. Aus unseren Kindern kann dann wieder etwas werden.

Als der boomendste aller Babyboomer-Jahrgänge seinen 40. Geburtstag feierte, 2004, widmete ihm der „Spiegel“ eine Geschichte, auf die wiederum ein deutscher Professor mit einem Leserbrief reagierte. Der Begriff Babyboomer, so der gute Mann, stammt aus den USA und bezeichnet die Jahrgänge, die zwischen 1943 und 1960 geboren sind. Recht hat er. Aber wir leben in Deutschland, nicht in den USA. Und ich grenze die deutschen Babyboomer auf die Jahrgänge 1959 bis 1964 ein, weil diese Jahrgänge mehr verbindet als das Babyboomer-Sein. Es handelt sich um eine Generation mit gemeinsamer Geschichte und – noch wichtiger – einem gemeinsamen Erleben von Kindheit und Erwachsenwerden.

Anders als in den USA haben die Geburtenzahlen in Deutschland (West) und Deutschland (Ost) nach dem Zweiten Weltkrieg zunächst stagniert – es war keine gute Zeit für Familiengründungen. Mitte der fünfziger Jahre stiegen sie langsam an und machten 1959 den ersten Sprung. 1963 ging es noch einmal kräftig nach oben. Das Jahr 1964 schaffte knapp den Rekord: Eine Million dreihundertsiebenundfünfzigtausenddreihundertvier Babys kamen in Deutschland (West) und Deutschland (Ost) lebend zur Welt. 1964 ist der Spitzenjahrgang.

Nein, es war nicht der Jahrgang 1962, der es auf die meisten brachte; die in diesem Jahr Geborenen behaupten das gern von sich. Tatsächlich gab es 1963/64 häufiger Stromausfälle, haben Hochwasser und Schnee mehr Städte und Dörfer von der Außenwelt abgeschnitten – wichtige Voraussetzungen für eine historische, nicht mehr zu toppende Fruchtbarkeit.

Der Jahrgang 1964 war der Jahrgang, bevor die Pille kam. Bis zum Jahr 1975 brach die Geburtenrate geradezu ein. Seither steigt sie auf und ab. So viele Geburten wie in den sechziger Jahren wird es nie mehr geben.

Trotz unserer Masse galten wir Babyboomer lange als geräuschlose, ja unsichtbare Generation. Wir mussten warten, bis sich die Achtundsechziger in Politik und Wirtschaft ausgetobt hatten. Noch ihre Wandlungen wussten sie öffentlich zu inszenieren. Doch jetzt zog Gerhard Schröder endlich Bilanz über sein „Leben in der Politik“ und Joschka Fischer hält nur noch Vorlesungen in Bundestagsuntersuchungsausschüssen und vor amerikanischen Studenten.

Wir sind eine verkannte Generation. Aber jetzt sind wir dran. Wir sitzen an den Hebeln der Gesellschaft, mit getönten, nicht gefärbten Haaren (die Männer) und genervt von pubertierenden Kindern (die Frauen). Wir kommen lieber spät als überhaupt nicht mehr.

Der Babyboomer Kai Diekmann sitzt auf dem Chefredakteurs-Sessel der Bild-Zeitung. Thomas Baumann ist Chefredakteur der ARD. Unternehmen wie Holzbrinck und Deichmann werden von gleichnamigen Babyboomern geführt. Der Babyboomer Horst Schlämmer alias Hape Kerkeling tritt in Günther Jauchs „Wer wird Millionär?" auf, darf öffentlich schwul sein und predigt Spaziergänge auf Pilgerrouten. Babyboomerin Ulrike Folkerts ist die beliebteste Tatort-Kommissarin und setzt als bekennende Lesbierin ein Zeichen. Und der Babyboomer Jürgen Klinsmann spielte in dem 2006 gedrehten Film „Deutschland. Ein Sommermärchen" von Sönke Wortmann mit.

Wir Babyboomer konnten von Glück sagen, wenn wir den Mutterbauch für uns alleine hatten. Die Chancen standen gut, denn Fruchbarkeitshormone waren zu unserer Zeit unbekannt, außer Vitamin C. Termitenartig fielen wir in Kinderzimmer, Kindergärten, Grundschulen, Vereinsheime, Hauptschulen, Realschulen, Gymnasien, Berufsschulen und Universitäten ein. Schlange stehen um eine Lehrstelle, einen Studienplatz, einen Arbeitsplatz, eine Mietwohnung, eine Eigentumswohnung, einen Bauplatz für das eigene Heim.

Wir Babyboomer haben eine gemeinsame Vorstellung von der Unschuld und vom Ernst des Lebens.

Wer nur fünf oder sieben Jahre älter ist als wir, wurde schon mit anderen Erfahrungen, Bildern, Denkweisen und Konsumartikeln groß. Wer fünf oder sieben Jahre jünger ist als wir, auch. Der Brockhaus von 1969 hat noch behauptet, dass eine Erlebnisgeneration 15 bis 25 Jahrgänge miteinander verbindet. Nein, tut sie nicht mehr. Die Uhr dreht sich immer schneller.

Die Übergänge zwischen den Generationen sind fließend, aber doch nicht ganz beliebig. Susanne, Jahrgang 1965, fühlt sich der „Generation Golf" schon deshalb nicht zugehörig, weil ihr das vermeintliche Markenzeichen, der „Scout"-Ranzen, ihre ganze Schulzeit über nicht vor die Augen gekommen ist. Dabei besuchte Susanne kein von Nonnen geführtes Internat im bayerischen Wald.

Susanne darf sich also noch als Babyboomer fühlen. Aber je jünger die Jahrgänge werden, 1966, 1967, desto weiter wird der Abstand, auch der Abstand an Erfahrung zu den ältesten Babyboomern um die Jahrgänge 1958 und 1959.

Es kann auch andersherum gehen. Auch wenn Playmobil 1974 auf den Markt kam, also für uns Babyboomer, füllte es erst die Kinderzimmer der „Generation Golf". Ein anderer Martin, der jüngere Bruder von Babyboomer Markus, wünschte sich einmal zu seinem Geburtstag etwas von Playmobil. Weil er viele Kinder eingeladen hatte, türmten sich die Playmobil-Schachteln immer höher auf. Es war meine erste Begegnung gleich mit einer ganzen Armee von Playmobil-Figuren – und meine letzte.

Ich nenne die Angehörigen der Jahrgänge 1959 bis 1964 auch deshalb Babyboomer, weil es noch kein schönes Wort für uns gibt – ein Hinweis darauf, wie sträflich wenig wir uns um die Anerkennung in der Gesellschaft bemüht haben. Bisher redeten immer andere über uns, und dann wenig freundlich. „Sandwich-Generation" als eine zwischen die Achtundsechziger und die „Generation Golf" gepresste musste ich zum Beispiel lesen. Uns als Zwischengeneration zu fühlen, verbietet uns schon der Stolz. In dem „Spiegel"-Artikel waren wir die „Generation Aktenzeichen XY … ungelöst", eine Anspielung auf den ersten Angstmacher in unserem Leben, Fernsehfahnder Eduard Zimmermann. Ein anderer Journalist nannte uns die „Generation ohne Programm". Vielen Dank.

Leider verbietet es sich auch, die Babyboomer nach einem unserer Protagonisten zu taufen. Ein Autor schrieb „Generation Guido", weil FDP-Chef Guido Westerwelle zu unserem Klub gehört. Schöner wäre da noch „Generation Klinsi", weil man sich Jürgen Klinsmann, anders als Guido Westerwelle, auch in der Badehose vorstellen kann. Aber es liegt in der Natur von uns Babyboomern, dass wir keine Helden haben, weshalb, werde ich erzählen.

Ich könnte jetzt eine Geschichtsklitterung begehen und behaupten, in den Sekunden, nachdem das WM-Spiel zwischen Deutschland und Argentinien abgepfiffen war, Klinsis Team im Halbfinale stand, hätte ich diesem Trainer und seiner Generation ein Denkmal setzen wollen und mich an die Arbeit für dieses Pamphlet gemacht. Aber so war es nicht. Es sollte eigentlich zum 40. Geburtstag des Jahrgangs 1964 erscheinen, als Medizin gegen das beginnende Sinnieren, gegen Selbstzweifel und Depression. Mit Vierzig weißt du, was aus dir und den anderen Gleichaltrigen geworden ist. Aber der Virus des Selbstzweifels befiel rechtzeitig mich selbst und hinderte mich an der Ausführung. Ich musste zunächst noch fünftausend Mal den Rücksitz meines Autos absaugen, die Schubladen in der Küche auswaschen, die Wohnung umräumen und auf Flohmärkten nach meinem Jugendzimmer suchen. Inzwischen bin ich 43, habe graue Schläfen und finde mich damit ab, dass der Erste Parlamentarische Geschäftsführer der CDU/CSU-Fraktion im Deutschen Bundestag, Norbert Röttgen, ein paar Jahre jünger ist als ich. Es wird also Zeit zu handeln, bevor der Zug für uns Babyboomer vollends abgefahren ist.

Wir sind die Retros

Wir Babyboomer kommen aus dem Sich-Erinnern nicht mehr heraus. München bewirbt sich wieder um Olympische Spiele (diesmal im Winter) – bei den Sommerspielen 1972 passierte das Attentat auf israelische Sportler, das wir nicht vergessen werden. Unsere Eltern und wir selbst trugen in den siebziger Jahren Schlaghosen, die jungen Leute von heute tun es auch. Im Fernsehen läuft „Am laufenden Band" mit Rudi Carrell, der geradezu öffentlich gestorben ist, oder – alle Jahre wieder zwischen Weihnachten und Neujahr – „Klimbim" mit Ingrid Steeger – sie hat einen Prozess gegen ihren Zahnarzt verloren. Es gibt wieder orange Klamotten und orange Plastikmöbel wie zur Babyboomer-Jugendzeit. Etwa Stahlrohrsessel von der Sorte, in der wir die Abenteuer von „Burg Schreckenstein" und später „Die Kunst des Liebens" von Erich Fromm gelesen haben.

Wir gehen mit unseren Eltern oder eigenen Familien in das ABBA-Musical „Mama Mia", hören dort die Lieder unserer Pubertät – und fühlen uns beim Hinausgehen gut. Wir wissen jetzt, es ist musikalisch nichts Besseres nachgekommen!

Es gibt wieder die Creme 21, leider duftiger als vor 30 Jahren, wie sich der Hersteller zu erklären beeilt. Natürlich creme ich mich damit ein.

Wir erinnern uns an die Terrorjahre dieser Republik, als Mitglieder einer „Rote Armee Fraktion" das Land in Angst und Schrecken versetzten. Michael Buback bemüht sich weiter um Aufklärung darüber, wer seinen Vater Siegfried Buback, den damaligen Generalbundesanwalt, im Jahr 1977 erschossen hat. Drei Tatbeteiligte wurden verurteilt, aber wer war die vierte beteiligte Person?

Es gibt wieder Kaufhäuser mit dem Namen Hertie.

Alle Filmklassiker der Babyboomer stehen als DVDs im

Kaufhaus-Regal – etwa die Geschichten vom „Seewolf“, der eine Kartoffel in seiner Hand zerquetscht hat, oder vom „Paten“, der Angebote machte, die man nicht ablehnen konnte. Einem widerwilligen Kunden ließ er den Kopf seines Lieblingspferdes unter die Bettdecke legen.

Die legendären Weihnachts-Vierteiler des ZDF katapultieren Babyboomer in die Adventswochen ihrer Jugend zurück.

Zum 30. Jahrestag ihrer Gründung macht die Gruppe The Police noch einmal eine Tournee. The Police hat einmal bei einem „Rockpalast“-Festival gespielt. Seit 1977, also seit über 30 Jahren, flimmert das „Rockpalast“-Festival des Westdeutschen Rundfunks über deutsche Bildschirme. In der Nacht vom 23. auf den 24. Juli 1977 fand das erste Festival im deutschen Fernsehen statt, mit Rory Gallagher, Little Feat und Roger McGuinn. Für uns Babyboomer war das noch wichtiger als die erste Landung von Menschen auf dem Mond.

Auch „Led Zeppelin“ spielen noch einmal zusammen. Auf Plant und Page standen die frühen Babyboomer, die großen Brüder der späteren. Die Wiederbelebung von „Genesis“ gelingt nicht komplett – Sänger Peter Gabriel bleibt zu Hause. Die „Eagles“ machen wieder eine CD und geben Konzerte – und das nicht einmal schlecht.

Leonard Cohen, Liedermacher und Künstler ohne Riester-Rente, muss auf Tournee gehen, nachdem seine Managerin die Millionen durchgebracht hat. „Leonard, we love you!“, rufen ihm Fans in den ausverkauften Hallen zu.

Ob auch Mireille Matthieu, deren Stimme schon meine Großmutter geliebt hat, noch einmal auf Tournee geht, weil sie keine Riester-Rente abgeschlossen hat?

Der deutsche Sänger-Opa Udo Lindenberg und der amerikanische Sänger-Opa Neil Diamond legen bestechend gute Alben vor. Wie hieß noch einmal dieses Lied? „Je älter die Geige, desto schöner der Klang.“

Ikea widmete seinem ewigen Sessel „Poäng“ eine ganze Katalogseite und schrieb zu dessen 30. Geburtstag: „Im Jahr 1977 war das eine absolut revolutionäre Idee.“ Erst heute gibt es Kissen zum „Poäng“ auch in Orange.

Bei Ikea fallen seit vielen Jahren zu „Knut“, einem schwedischen Fest, die Preise. Jetzt gibt es auch einen Eisbären, der so heißt. Und einen mit dem Namen „Flocke“. Ikea könnte den Dezember-Verkauf – in Anlehnung an die Jahreszeit – „Flocke“ nennen.

Die Les Humphries Singers (größter Hit: „Mexico“) kommen als „The Original Singers“ wieder zusammen, leider ohne ihren spleenigen Chef Les Humphries, der sich 1997 selbst für tot erklärt hat und im Dezember 2007 tatsächlich gestorben ist. Immerhin singt Jürgen Drews bei den „Original Singers“ mit, der sein „Bett im Kornfeld“ inzwischen gegen ein bürgerliches Reihenhaus eingetauscht hat.

Im Baumarkt gibt es wieder Tapeten mit farbfetten Mustern, bevorzugt gelb-braun-orange, die schon unsere Jugendzimmer unbewohnbar machten. Gelb-braun-orange Klamotten finden sich bei Hallhuber, aber nicht für Babyboomer, sondern für die jungen Leute mit einem Arschgeweih, wie der Volksmund die Tattoos oberhalb des Pos nennt.

Opel bringt fast 40 Jahre nach dem ersten GT ein zweites Modell mit dieser Bezeichnung auf den Markt. Fiat lässt ein süßes Retro-Modell seines 500er in Serie gehen, mit großem Erfolg. Bei Peek & Cloppenburg hängen T-Shirts mit Pril-Blumen, wie ich sie als Kind an die Fliesen unserer Küche kleben durfte. Oder es gibt das Motiv von Mini Milk, dem billigen und dabei besten Vanille-Eis aller Zeiten.

Im Radio läuft ein Hit von Madonna, der auf eine Melodie von ABBA zurückgeht. Cat Stevens, der sich inzwischen Yussuf nennt, machte vor meiner Zeit Lagerfeuer-Lieder und legt wieder – wohl ebenfalls in Ermangelung der Riester-Rente – CD und DVD vor. Radiosender in der ganzen Republik spielen zwölf Stunden lang Siebziger-Jahre-Musik. Es kommen wieder Bonanza-Fahrräder in die Läden: kleine Räder, lang gestreckter Sattel, hoher Lenker. Der Rahmen in Orange. Auch das Kult-Modell High Riser 20 ist dabei.

Eine der besten Tatort-Folgen aller Zeiten, „Das Reifezeugnis“, soll nach über 30 Jahren eine Fortsetzung erhalten – wieder wie damals mit Nastassja Kinski, Judy Winter und Christian Quadflieg.

Zwar stellt Polaroid die Produktion von Sofortbild-Filmen ein, doch in Berlin verkauft eine Firma wieder Super 8-Filme und entwickelt sie auch.

Es gibt wieder Persiko „nach dem Originalrezept von 1978“, wie die Firma stolz bekennt. Persiko, ein Likör, war nur etwas für Babyboomer-Mädchen.

Paul McCartney und Udo Jürgens sind Idole von Babyboomer-Eltern. Aber weil sie inzwischen 40 Jahre Musik machen und immer noch Konzerte geben, gratulieren auch die Babyboomer!

Retro ist das Zauberwort der Zeit, die Wiederkehr von Bildern, Themen, von Mode und Trends des eigenen Großwerdens. Unfreiwillig sehen wir im Schaufenster – uns selbst. So weit ist es also gekommen.

Der leise Tod von „Sten“

Die Babyboomer sind die letzte Generation, die nicht in Ikea-Kinderzimmern groß geworden ist, nicht zwischen „Ivar“ und „Tromsö“, „Billy“ und „Lack“. Der Reißer unserer Zeit war die Kombination – viel Späne, viel Füllstoff, darauf eine dünne Folie Birke Dekor. Unsere Eltern kauften Schrank, Bett, Bettkasten und Schreibtisch (auszuklappen aus dem Schrank) am Stück. Unsere Väter verbrachten Wochenenden damit, ausgebrochene Türen zu leimen. Ganz besonders kinderfreundlich war auch die Halterung für die ausklappbare Schreibtischplatte – sie hielt immerhin vier Wochen.

Mit Grausen erinnere ich mich an eine Party in Sindelfingen (Stuttgart ist ein Vorort davon), als sich ein Gast an ein halbhohes Regal in Eiche Dekor Nachbildung lehnte. Er behauptete jedenfalls, er habe sich nur angelehnt, auf jeden Fall brach es plötzlich unter ihm zusammen. Bei der Zornesröte, die dem Gastgeber ins Gesicht stieg, hätte ich ebenfalls diese Geschichte aufgetischt. Es war der letzte Vorfall dieser Art. Kurz danach brach der Virus des gesunden Wohnens aus. Er erfasste noch Teile unseres Jahrgangs und komplett die späteren. Nicht mehr Holzspäne im Leimbrei, sondern Vollholz musste es sein. Speziell Kiefer. Die war billig, weil häufig und wegen ihrer Weichheit leicht zu verarbeiten. Ich besuchte einmal Christine in Bad Wurzach, einem Städtchen im Allgäu. Sie führte mich in ihr Wohnzimmer mit einem Esstisch in Kiefer, sechs Stühlen in Kiefer (mit taubenblau-lila Kissen gepolstert), Schrank in Kiefer und TV-Bank in Kiefer. Es wurde nichts mit uns.

Als wir klein waren und mittelgroß wurden, kam Ikea allmählich nach Deutschland, blieb aber lange exotisch und damit unbekannt. Die Deutschen kannten von Schweden bislang nur ABBA und fanden die Namen dieser Möbel nur komisch. Ikea machte es seinen Kunden auch noch nicht leicht. Erst heute ist es möglich, mit fünf Anhängern am geliehenen Hummer-Jeep vor eine dieser royalblauen Zigarrenkisten zu fahren, die uns mit der gelben Ikea-Leuchtschrift an deutschen Autobahnen erwarten. Nein, es ging umständlich zu: In der ersten Stuttgarter Filiale zum Beispiel, in der Kronenstraße, fast im Zentrum, mit wenigen Parkplätzen in der Nähe, gab es drei Laden-Etagen, eng und wenig übersichtlich, und wer ein Exemplar von „Sten“ oder „Billy“ gekauft hatte, musste noch einmal durch die halbe Stadt fahren, zu einem Lager am Güterbahnhof, wo man endlich – nach einer weiteren Schlange am Schalter – einladen konnte. Aber nach so vielen Jahren ist auch ein solcher Anfang schön. Und das „Billy“ gab es noch in 90 Zentimeter Breite, anders als später.

Einer meiner ersten Ikea-Artikel hieß „Nr. 1“, eine Ausstattung für die Küche. Das Brotmesser – so breit, dass ein Schlachter seine Freude daran hätte – benutze ich noch heute. Aber nichts ist für mich so mit Ikea verbunden wie das Regal „Sten“ – schmale Fichtenholz-Bretter hielten vier Regalböden übereinander zusammen. Vielleicht war „Sten“ so beliebt, weil es an das bevorzugte Möbelstück der vorherigen, der Achtundsechziger-Generation erinnerte, die Weinkiste?

Eigentlich kaufte ich „Sten“ nur wegen der ersten vier, fünf Tage, als es – anders als später der eklige „Tannenbaum“ am Rückspiegel meines Wagens – noch kräftig nach Wald roch. So wie das „Sten“ musste Schweden, ja ganz Nordeuropa, riechen! Erst später gab mir ein Freund den Hinweis, dass Ikea schon immer im feindlichen Osten, sogar in der damaligen DDR, produzieren ließ – ich habe ihm die Freundschaft aufgekündigt.

Ein Babyboomer muss sich zu Ikea irgendwie stellen. Wenige Altersgenossen geben zu, dass sie in einem Ikea-Möbelhaus etwas kaufen. Die meisten sagen mir: Wir gehen da eigentlich nur bummeln, die haben manchmal schöne Accessoires, aber ein Bett oder einen Schrank hole ich woanders. Wo kommen dann die Pilgerscharen her, die bei Ikea jeden Tag tonnenweise Möbel hinausfahren, um mit dem Aufbau ein Wochenende zu gestalten?

Mein eigenes Verhältnis zu Ikea ist zwiespältig. Nirgends mehr als in einem Ikea-Haus wird mir klar, dass ich eine Ameise unter Milliarden von Menschen mit völlig gewöhnlichen Eigenschaften bin. Das macht mich aggressiv. Ich wünsche Ikea die Pleite. Ich stelle mir vor, dass die Schlange am Rückgabe-Schalter unendlich viel länger ist als an den Kassen, weil die Kunden ihre gekauften Möbel zurückbringen.

Ikea hat mir schon unendlich viel Lebenszeit geraubt – zum Beispiel Lebenszeit zum Aufbau der Möbel. Bei einem japanischen Wegwerf-Radio gibt es Betriebsanleitungen mindestens in Deutsch, Englisch, Chinesisch und Türkisch. Ikea kommt ganz ohne Worte aus. In meiner Ikea-Aufbauanleitung schießen die Einzelteile eines Möbels pfeilartig aufeinander zu. „Explosionszeichnung" nennt man das. Explosionszeichnungen gibt es auch von Autos. Ich habe eine Explosionszeichnung eines Opel Manta A (also nicht das Modell aus den Manta-Filmen!), aber trotzdem könnte ich keinen Manta A zusammenbauen. Bei Ikea-Möbeln soll ich es aber.

Zu den großen Enttäuschungen meines Lebens gehört, dass ich einen niedrigen Ikea-IQ habe: Ich verstehe eine Ikea-Anleitung erst dann vollständig, wenn das Regal oder der Schrank falsch montiert vor mir steht. Bei den ersten fünfzig „Billys" meines Lebens habe ich zum Beispiel die Fußleiste falsch herum eingesetzt. Weil nur eine Seite lackiert ist, kehrten sich die im Kleber getränkten Holzspäne nach außen. Um die Leiste zu drehen, muss ich das Regal nochmals komplett zerlegen. Weswegen liefert Ikea nicht jedes Möbel doppelt aus? Ein Exemplar zum Üben, das andere für den Gebrauch?

Aber wahr ist auch, dass ich jedes Ikea-Haus, das am Weg liegt, betreten muss, es sei denn, ich werde gefesselt wie Odysseus, als er an der Insel der Sirenen vorbei kam. Mit Ikea verbinden wir Babyboomer mindestens so viele lebensprägende Augenblicke wie mit unseren Eltern und Lehrern.

Wer kennt noch „Cäsar"? Über diesen Ikea-Kleiderschrank kann ich bedenkenlos schimpfen, weil er schon vor Jahren aus dem Programm verschwand. „Cäsar" war schick mit seinen blauen und buchenholzfarbenen Elementen, leider beides Folie. Als Griffe dienten halbrund gebogene Metallscheiben: billige Produktion, aber pfiffig. Gabi sah einen wichtigen Liebesdienst darin, dass ich ihr einen „Cäsar" im Schlafzimmer montierte. Ich baute zunächst vier Elemente zusammen, von Samstag Mittag bis Sonntag Nacht. Ein Element ist ein schmaler Korpus von einem Meter Breite, geeignet für zwei Stapel Unterhosen oder zwei Ikea-Boxen „Emu", die es immer noch zu kaufen gibt. Ich bewahre darin meine Unterwäsche auf. Ich kenne eine Kollegin, Ulrike, die „Emu" mit Katzenstreu füllt.

Am Sonntag räumten wir „Cäsar" ein, was den ganzen Tag dauerte, weil Gabi bei der Gelegenheit Kleider anprobierte und manche ausmusterte. Als der letzte BH verstaut und ein freier Blick auf „Cäsar" möglich war, blickte Gabi eindringlich und skeptisch auf das fertige Werk und sagte die zwei Worte: „zu klobig". Sie sagte nur: „zu klobig". In diesem Augenblick musste ich entscheiden, ob ich unsere Beziehung beenden oder das Ikea-Teil wieder zerlegen wollte.

„Cäsar" belastete unsere Partnerschaft schwer, aber er zerstörte sie nicht. Am Montag kauften wir ein zweites Element, und ich verbrachte die nächsten Bürotage in der frohen Erwartung, abends auf einer Ikea-Baustelle weiterzumachen. Wer hart arbeitet, findet einen tiefen und gerechten Schlaf. Ich baute jetzt zwei Schränke zusammen, einen mit zwei, einen mit drei Elementen. Der dreigeteilte Schrank bekam in der Mitte eine Spiegeltür. Man packe einmal eine Spiegeltür so an, dass das Glas nicht springt und keine Ecke abplatzt. Hänge dann die Tür im Schrank-Korpus ein und befestige die Halterung so, dass das Glas heil bleibt. Und balanciere die Tür bei wieder gelockerten Halterungen so aus, dass sie nicht vom Korpus absteht, aber mit der Nachbartür bündig schließt und noch immer kein Glas abplatzt. Heiraten stelle ich mir einfacher vor.

Ich habe „Cäsars" Türgriffe schief angeschraubt. Als ich die Technik drauf hatte, waren bereits alle Griffe montiert.

Gabi lobte mich trotzdem. Die Beziehung mit Gabi ging später in die Brüche, aber nicht wegen „Cäsar". Als ich meine Sachen bei ihr holte, standen die Schränke immer noch so, wie ich sie aufgestellt hatte.

Die Geschichte zwischen Frauen und Männern ist seit den siebziger Jahren eine Geschichte zwischen Frauen und Männern und Ikea. Früher pflückten Pärchen gemeinsam Blumen, heute bauen sie Ikea-Möbel auf. Monika verdankt mir die Montage von vier hohen, weißen „Billys" sowie eines „Billy"-Eckregals, das damals ganz neu zu haben war. Hinterher sagte sie zu mir: Du bist so praktisch.

An dieser Stelle ist der Ort und die Zeit einzugestehen, dass ich ein Ikea-addict bin. Mein Trost lautet: viele Babyboomer sind Ikea-addicts. Jeden Sommer kommt ein neuer Katalog ins Haus, wir lesen ihn nicht, wir inhalieren ihn. Die Wohnung steht zwar schon voller Ikea-Möbel, Ikea-Vorratsdosen, auch Kochschürze und Topflappen, Kulturbeutel und Reisekoffer, Kleiderbügel, auch der Schuhabstreifer vor der Tür sind von Ikea, aber es gibt immer etwas, das ich nicht habe, weil es erst jetzt in das Programm genommen wurde.

Ikea kam in mein Leben, als ich gerade volljährig war, und da bleibt es auch, trotz Krisen in unserer Beziehung, Verwundungen, ja Brüchen. Eine solche Krise trat ein, als mir bei einem meiner Möbelhaus-Besuche plötzlich bewusst wurde: „Sten“ ist nicht mehr da! „Sten“ hatte immer im Schatten von „Ivar“ gestanden, das weniger klobig und kantig daherkommt, femininer eben, wodurch es massenhaft in die steuerlich absetzbaren Arbeitszimmer deutscher Lehrerinnen einzog. Jetzt verschwand es lautlos aus den Ikea-Filialen und für immer aus dem Katalog. Ein leiser Tod, über dessen kulturgeschichtliche Bedeutung kein Wort verloren wurde. Ich möchte nichts anderes glauben, als dass meine Generation um „Sten“ geweint hat.

Kurzgefasster Lebenslauf

Ich bin – zusammen mit massenweise anderen Kindern – in einem Kreißsaal der sechziger Jahre zur Welt gekommen. Meine Geburtsurkunde ist, weil man mit Papier sparsam war, ein schlichtes Formular im DIN-A5-Format, also halb so groß wie ein übliches Blatt, und von einer mechanischen Schreibmaschine betippt. Die Kopien der Geburtsurkunde entstanden mit Hilfe von Kohlepapier, das zwischen die Formulare in die Maschine gespannt wurde. Mit diesen Durchschlägen hat auch noch „Rehbein", die Sekretärin von „Kommissar Keller", gearbeitet.

Es folgt eine „Bescheinigung über die Verabreichung von Vitamin-D-Präparaten". Darauf befindet sich der Stempel einer Kinderklinik, die so nicht mehr heißt. Auch die vierstellige Postleitzahl ist inzwischen abgeschafft.

Geimpft worden sind wir auch. Mein Impfbuch ist gelb. Es gibt Einträge bis 1976. Zwischen 1976 und 1996 ist nichts passiert. Ein halbes Jahr vor den Spielen der Olympiade in München wurde ich gegen Pocken geimpft. Die letzte Impfung dieser Art ist für den November 1974 vermerkt, ein paar Monate, nachdem Gerd Müller die deutsche Nationalmannschaft zum Fußball-Weltmeister „gebombt" hatte.

Mit fünf Jahren kam ich in den Kindergarten. Vorher war kein Platz für mich. Ich kenne Babyboomer, die nie einen Kindergarten von innen gesehen haben – und trotzdem ordentliche Menschen wurden.

Mein Kinderausweis ist als „ungültig" gestempelt. Er lief im August 1974 aus. Mein Vater musste 80 Pfennige erarbeiten, um mir diesen Ausweis möglich zu machen. Das Schwarz-Weiß-Bild entstand bestimmt in einer dieser Fotoautomaten, die in Bahnhöfen stehen und du auf drei der vier Bilder Grimassen schneidest.

Vom Herbst 1971 an musste ich zur Schule gehen. Im

ersten Halbjahr gab es nur Noten für „Verhalten“ und „Mitarbeit“ und eine „Allgemeine Beurteilung“. Was im Zeugnis vom 31. Januar 1972 steht, verrate ich frühestens nach dem fünften Bier.

Im zweiten Schuljahr waren meine Lebenslinien bereits vollständig gelegt: In Deutsch erhielt ich die Note „sehr gut“, was zum Schreiben eines Buches nützlich, aber nicht Voraussetzung ist. In der „Leibeserziehung“ – später sagte man „Sport“ dazu – reichte es nur zu einem „befriedigend“. Es werden immer andere als ich die Tour de France gewinnen.

1972 mussten wir Deutschen noch nicht politisch korrekt sein. Wir durften noch „Negerküsse“ sagen. Und ich hatte Unterricht in „Heimatkunde“. Als ich in die dritte Klasse kam, hieß das Fach plötzlich „Sachkunde“. Weil Schwaben aber alte Formulare aufbrauchen, bevor sie neue anfassen, strich mein Lehrer den Wortteil „Heimat“ einfach durch und schrieb „Sach“ darüber.

Wer ein echter Babyboomer sein will, legt seine Urkunden von den Bundesjugendspielen in ein Bankschließfach. Anknüpfend an meine mäßigen Leistungen in Leibeserziehung, hat es bei mir nie zu 230 Punkten und damit zu einer Ehrenurkunde gereicht. Aber auch auf den Siegerurkunden war das Wörtchen „Dreikampf“ aufgetippt, was fast schon klang wie Zehnkampf, bekanntlich die Königsdisziplin der Leichtathletik.

Als ob diese Tortur noch nicht genügte, mussten wir Babyboomer uns auch im Wasser bewähren. Eine Weile schwimmen, von einem Brett ins Wasser fallen, einige Meter den Kopf unter Wasser halten – so erwarb sich eine ganze Generation den „Frühschwimmer“, „Freischwimmer“, „Fahrtenschwimmer“ und „Jugendschwimmer“, Abzeichen der DLRG, der Deutschen Lebensrettungsgesellschaft. Mit jedem Abzeichen kam eine stilisierte Welle hinzu. Die Abzeichen mussten unsere Mütter auf die Badehose nähen.

Die Bundesjugendspiele- und Schwimmabzeichen-Karriere sollte uns Babyboomer zu sportlichen Menschen machen. Platz und Gelegenheit gab es dafür reichlich – in den Siebzigern baute jede deutsche Kleinstadt, weil sie zu wenig Schulden hatte, ein Stadion mit Tartan-Bahn und ein Hallenbad. Nach der deutschen Vereinigung war kein Geld mehr da, um Beton und Rohre in Schuss zu halten.

Zwischen zwei Bundesjugendspielen und Schwimmabzeichen empfingen wir Babyboomer entweder die erste Heilige Kommunion oder gingen zur Konfirmation. Auch hier erschien die Welt für uns noch übersichtlich: Unsere Eltern waren entweder evangelisch oder katholisch. Kirchenaustritte galten noch als Freischein ins Fegefeuer. Und wir hatten – anders als spätere, sittlich verrohte Generationen – kaum eine Chance, dem Religionsunterricht zu entkommen. Meinen ersten Religionsunterricht bekam ich vom katholischen Pfarrer unserer Gemeinde. Am Anfang der Stunde fragte er jeden der Schüler: „Sonntag?", was so viel hieß wie: „Warst du vergangenen Sonntag in meinem Gottesdienst?" Immerhin ließ er uns die Wahl, in die Messe um Neun oder um Elf zu kommen. Wer ein paar Mal da war, bekam eine Zwei im Zeugnis, notorische Schwänzer eine Drei.

Nichtgläubige, katholisch getaufte Babyboomer ärgerten sich darüber, dass ihre evangelischen Kameraden zwei Jahre später konfirmiert wurden und als Ältere mehr Geld aus der Verwandtschaft bekamen. Die spätere Firmung machte das nicht wett. Für uns Katholische langte es bei der Kommunion zum Grundstock einer Briefmarkensammlung (mit Motiven von Olympia 1972 oder einem Bild des früheren Bundespräsidenten Gustav Heinemann), die Evangelischen kauften sich das erste Mofa, eine Zündapp oder Kreidler. Was ein Mädchen mit dem Geld gemacht hat, weiß ich nicht, ich habe keine Schwester.

Doch gleichgültig, ob Kommunion oder Konfirmation – auch hier traten wir in Mannschaftsstärke auf. Von meinem

Kommunionsjahrgang erhielt ich ein extra großes Gruppenbild, damit mein Gesicht überhaupt zu erkennen war. Zusätzliche Pfarrer und Eltern aus der Gemeinde gaben Konfirmanden-, Konfirmations- und Firmunterricht, um die Menge zu bewältigen. Am Kommunions- oder Konfirmationstag selbst waren die Kirchen übervoll – allein die Kommunionskinder oder Konfirmanden füllten mehrere Bankreihen.

Drangvolle Enge herrschte später auch zu Hause im Wohnzimmer, wo die Kommunion gefeiert wurde. Meine Verwandtschaft bis hin zum zehnten Grad war gekommen, Tanten und Cousinen, die ich das Jahr über nicht sah, reihten sich selbstverständlich in das offizielle Kommunionsfoto mit Bibel und Kerze ein. Es wurde im Garten aufgenommen. Wir standen neben einem Blumenkübel auf zwei Rädern, einer weißlackierten Schubkarre aus Holz.

Zur Erinnerung an diesen Tag gab es ein auf Massivholz aufgezogenes Christus-Bild, das die meisten Babyboomer noch heute in ihrer „Schublade mit persönlichen Sachen" verwahren. Dort liegen auch die abgelaufenen Pässe, Schweizer Taschenmesser (ein beliebtes Werbegeschenk) und ein letzter D-Mark-Schein, um auf die nächste Währungsreform vorbereitet zu sein.

Ich beneide die Achtundsechziger um nichts, aber vielleicht doch um das eine, dass sie länger keine Scheckkarten und alles, was auf diese Größe geschrumpft wurde, gebraucht haben. Nimm einen staubgrauen deutschen Personalausweis oder einen jägergrünen deutschen Reisepass in die Hand und du weißt, was ich meine. Das waren noch Bücher, die man fühlen und aufschlagen konnte! Und wir durften noch kleben: wir kannten zwar nicht mehr Haushaltsmarken wie unsere Mütter und zum Glück keine Brotmarken wie unsere Großmütter, aber wir kauften eine Jahresmarke für die Mitgliedschaft in der „Deutschen Lebensrettungsgesellschaft" oder eine Monatsmarke für den Bus.

Den DLRG-Ausweis oder das Heft für die Busmarken zeige ich nicht einmal meinem Beichtvater, denn meine Passbilder sind allesamt misslungen. Ausgerechnet für das Königsdokument unter unseren Papieren, den Führerschein (auch staubgrau und noch aus Pappe), wählte ich ein besonders schlechtes Motiv: An diesem Morgen hatte ich die Haare nicht gewaschen, nur gekämmt. Ein Computer könnte mühelos die Schlafstellung in der Nacht zuvor errechnen. Je länger ich den Führerschein besitze, desto weniger nehmen mir Polizisten dieses Gesicht ab. Aber immerhin, es ist noch der echte Pappdeckel und keine Karte.

Mit der Führerschein-Prüfung endet die gemeinsame Vita von uns Babyboomern noch nicht. Von jetzt an fuhren wir gemeinsam auf der Autobahn des Lebens, zumindest wollten wir es. Der Stau, ausgelöst durch Überfüllung, ist uns eine vertraute Erfahrung.

1959

Der Jahrgang 1959 ist ein besonderer, weil das Jahr 1959 ein besonderes war. Fidel Castro dringt mit seinen Truppen in die kubanische Hauptstadt Havanna vor. In Deutschland sinkt der Preis einer Langspielplatte um etwa acht Mark. Bisher hatte eine Platte zwischen 19 und 24 Mark gekostet. In Österreich sinkt die wöchentliche Arbeitszeit von 48 auf 45 Stunden. Es wird der Lohn wie bisher bezahlt. Der Rocksänger Buddy Holly stirbt bei einem Flugzeugabsturz in seiner Heimat USA. In der Bundesrepublik steigt das Kindergeld von 30 auf 40 Mark. Karl-Heinz Köpcke moderiert erstmals eine ARD-„Tagesschau". Bundeskanzler Konrad Adenauer kündigt an, Bundespräsident werden zu wollen. In der Bundesrepublik fallen die Preise für Kartoffeln. Ein Pfund Frühkartoffeln kostet zwischen 35 und 50 Pfennige, etwa 10 bis 15 Pfennige weniger als ein Jahr zuvor. Der Film „Freddy, die Gitarre und das Meer" mit Freddy Quinn kommt in die deutschen Kinos. Peter Krauss und Conny Froebess – sie ist erst fünfzehn Jahre jung – erhalten beim ersten Deutschen Schlagerfestival von Radio Luxemburg den Goldenen und Silbernen Löwen. In der Bundesrepublik werden mehr Zigaretten verkauft als jemals zuvor. Auch die Bergleute im Ruhrgebiet bekommen jetzt schrittweise die Fünf-Tage-Woche bei vollem Lohnausgleich. Deutsche Bank, Dresdner Bank und Commerzbank führen den „Kleinkredit" ein: Wer Verdienstbescheinigung und Personalausweis vorlegt, kann bis zu 2000 Mark als Kredit erhalten. Über die Pfingsttage gibt es in Deutschland mehr als hundert Verkehrstote. Bundeskanzler Adenauer will doch nicht Bundespräsident werden. Der Fußballer Fritz Walter, Kapitän der Weltmeister-Mannschaft von 1954, bestreitet sein Abschiedsspiel. In der Bundesrepublik sind 255.395 Arbeitslose registriert und zugleich 319.455 Stellen nicht besetzt. Heinrich Lübke wird zum neuen Bundespräsidenten gewählt. In der Bundesrepublik gehen knapp drei Viertel der Schüler in die Volksschule, wobei diese Zahl langsam sinkt, etwa 16 Prozent besuchen die Mittelschule und fast jeder Zehnte macht Abitur. Im deutschen Fernsehen läuft zum ersten Mal der „Komödienstadl", produziert vom Bayerischen Rundfunk. Die Bundesregierung stellt das Schlachten von Katzen und Hunden unter Strafe. Der Spielfilm „Rio Bravo" mit John Wayne und Dean Martin kommt in die deutschen Kinos. Die Beethovenhalle in Bonn ist fertig. Der Film „Manche mögen's heiß" mit Marilyn Monroe kommt in die deutschen Kinos. Der sechsteilige Fernsehkrimi „Der Andere" von Francis Durbridge fegt Deutschlands Straßen leer. Der Film „Geschichte einer Nonne" mit Audrey Hepburn kommt in die deutschen Kinos. Die Gewerkschaft öffentliche Dienste, Transport und Verkehr verlangt zwölf Prozent mehr Lohn. Der Boxer Gustav „Bubi" Scholz verteidigt seine Box-Europameisterschaft im Mittelgewicht. Der Schah von Persien, Mohammad Risa Pahlewi, heiratet die Studentin Farah Diba. Es wird Gerhard Delling geboren. Es wird Katja Flint geboren.

Die Musikkonserve der Babyboomer war die Kompakt-Kassette. Wir haben nur „Kassette“ dazu gesagt. Die Schmuck-Kassette konnte nicht gemeint sein. Ich habe Dutzende von Kassetten mit Musik bespielt. Das war noch leicht, denn die Radiostationen spielten, anders als heute, Musikstücke von Anfang bis zum Ende, und die Moderatoren quatschten nicht hinein. Und es gab noch keinen Jingle-Wahn wie heute, diese Unsitte, alle paar Minuten den Namen des Senders zu sagen. Das Radio spielte schlichtweg noch Musik.

Und wenn dir langweilig war, hast du die Mittel- oder Kurzwelle eingeschaltet und dem Pfeifen und Zirpen der Störsender aus dem Ostblock zugehört. Manchmal konntest du auch einen polnischen oder tschechischen Sender empfangen. Das war der verbotene Blick in eine fremde Welt.

Ich möchte die Zeit um dreißig Jahre zurückdrehen.

Ja, okay, es war doch nicht alles toll. Das Leben eines Babyboomers zerfällt mindestens in zwei Teile: In die Zeit, da es bei Kartons von Kassettenhüllen noch kein ausklappbares Blatt gab, und in die Zeit, als es bei Kartons von Kassettenhüllen ein ausklappbares Blatt gab. Diese ersten Jahre, und davon ist mein Jahrgang 1964 besonders betroffen, waren hart – bei einer C 90-Kassette, also einer zwei Mal 45 Minuten langen, hattest du auf dem Karton allenfalls Platz, um zehn Musiktitel zu notieren – außer, du warst gut in Abkürzungen. Aber wie macht man Titel und Namen wie „Go your own way“ von Fleetwood Mac kürzer? Bei „Dust in the wind“ von Kansas ging es ja vielleicht noch. Manche meiner Freunde (keine Schulkameradin von mir nahm Kassetten auf) behalfen sich mit zusätzlichen Zetteln, die sie mit Tesafilm an die Hülle klebten. Der Tesafilm hielt leider auch den Fingerabdruck fest und den Schmutz, der sich an diesem Tag am Finger befunden hat. Aber diese Zettel zwischen der Kassettenhülle und dem Karton sahen einfach nur peinlich aus. Ich habe mir diese Mode nie zu eigen gemacht.

Ich darf mich aber glücklich schätzen, das Erscheinen des Kartons mit zusätzlichem, ausklappbarem Blatt noch erlebt zu haben. Seither konnte ich alle Titel, die ich auf der Kassette aufgenommen hatte, im Beiblatt notieren.

Die jungen Leute von heute laufen mit Dutzenden dieser silbernen Scheiben, genannt CDs, und mit iPods herum. Ich aber lasse auf die Musik-Kassette nichts kommen. Die war anspruchslos und hielt sogar einen wie mich aus. In einem Handschuhfach, etwa dem meines blauen Opel Rekord C, Baujahr 1972, hat sie heiße Sommer wie kalte Winter überlebt. In der Sommerhitze pflegte sie zwar zu jaulen, weil sich das Band bei hohen Temperaturen ausdehnte, aber der Sommer dauert bekanntlich nur drei Monate, dann hörte auch das Jaulen wieder auf.

Der größte anzunehmende Unfall bei einer Musik-Kassette war der Bandsalat, meist ausgelöst durch ein amtsmüdes Autoradio. Aber in keiner Krise konnte ich mir selbst so leicht zeigen, was für ein toller Hecht ich war: Ich schraubte einen der beiden Kassettendeckel ab, schnitt das vielfach verwickelte Band an einer Stelle durch, rollte das Band auf die Spulen zurück und klebte es an der Schnittstelle mit Tesafilm zusammen. So muss sich ein Chirurg am Feierabend fühlen.

Mit der Operation war das Band gerettet, aber es fehlten drei Sekunden Musik. Wenn ich einen solchen Schnitt selbst setzte, wusste ich natürlich, wann er kam, und habe beim Abspielen der Kassette geradezu auf diese Stelle gewartet. Wenn die Kassette lief, während Freunde zuhörten, fürchtete ich, dass sie mich auf den Schaden ansprechen würden. Eine Zeit lang dachte ich daran, das Erreichen der Klebestelle selbst anzukündigen. Oder sollte ich darüber schweigen und während dieser Sekunden zufällig in der Küche oder auf dem Klo sein?

Eine andere Schwierigkeit bei der Kompakt-Kassette war, dass du nie wusstest, wieviel Band, sprich Zeit, du noch auf einer Seite zur Verfügung hast. Immer diese Ungewissheit: Soll ich vorspulen und die Kassette drehen oder besser eine andere einlegen, wenn bereits die zweite Seite fast voll ist? Aber dann verschenke ich ein paar Minuten Bandzeit – und ein bisschen von meinem Taschengeld. Außerdem musste ich dann jedes Mal, wenn ich das letzte Lied zu Ende gehört hatte, bis zum Ende weiterspulen, um an den Anfang der neuen Seite zu kommen.

Noch immer bin ich nah am Kollaps, wenn ich an die Aufnahme des WDR-„Rockpalast"-Konzerts mit Johnny Winter denke. Johnny Winter ist ein Blues- und Rocksänger, der elektrische Gitarre spielt und sich an Bass und Schlagzeug begleiten lässt. Während des Konzerts denke ich, der Mann spielt normallange Stücke, das Band reicht noch für 15 bis 20 Minuten; doch schon das erste Stück, „Hideaway", will einfach nicht enden – noch heute sehe ich den linken Bandwickel zerrinnen, während Johnny keine Anstalten macht aufzuhören. Wenn er doch nur wüsste, dass er gegen die Restlaufzeit meiner Kassette spielt! Johnny schafft es fast, am Ende fehlen ein paar Sekunden, drei Gitarren-Riffs vielleicht, aber eben drei Riffs.

Als ich das Band einmal für einen Freund kopierte, sagte er: Blöd, dass der Schluss von „Hideaway" fehlt. Jetzt war auch er nicht mehr mein Freund.

Ein echter Babyboomer hat in seinem Leben mehrere Kassetten-Rekorder verschlissen. Kassetten-Rekorder sind aus unseren Wohnzimmern und Autos leider völlig verschwunden. Wenn ich anderen Babyboomern sage: Ich habe noch einen Kassetten-Rekorder zu Hause, entgegnen sie: Ich habe auch noch irgendwo Kassetten herumliegen. Ich müsste wieder einmal danach suchen.

Dieselbe erbärmliche Antwort kommt übrigens auch, wenn ich die Rede auf Schallplatten bringe. Unsere Plattenspieler aus den siebziger und achtziger Jahren sind schon lange kaputt und es gibt auch keine Ersatzteile dafür. Aber neuneinhalb von zehn Babyboomern bringen es nicht übers Herz, ihre 25 Jahre alten Supertramp-, Scorpions oder BAP-Platten wegzuwerfen. Die Platten kommen in den Keller, damit der Entrümpler später Arbeit hat. Im Keller stehen sie häufig in einem Karton, in die sie beim vorvorletzten Umzug eingepackt wurden. Dabei sind sie nicht einmal alphabetisch geordnet!

Eine Wendung nimmt die Angelegenheit, wenn die etwa gleich alte Lebensabschnittspartnerin einen Rappel kriegt und verlangt, dass der Keller entmüllt wird – vielleicht, weil sie einen Heimtrainer gekauft hat, wie er schon im Fitnessstudio steht, das sie drei Mal die Woche besucht, und für den nur im Keller Platz ist. Dann gibt der Mann seine Platten an jemanden, der ihm die Hege und Pflege der Sammlung tausendfach versichert und sie doch, weil er selbst seinerzeit auch Supertramp- und Scorpions-Platten gekauft hat, auf den Flohmarkt bringt.

Ein paar Jahre lang gab es den Ausweg, die Platten in einen Secondhand-Laden zu tragen. Aber auch die Betreiber dieser Läden haben inzwischen 50 Exemplare von Supertramps „Crime of the century“ (mit dem Stück „School“) oder der Scorpions-Scheibe „Love Drive“ (mit dem schnulzig-schönen „Always somewhere“). Die Händler nehmen nur noch Raritäten an, etwa „Give us a wink“ von Sweet in der ersten, aufwendigen Plattenhülle – die äußere Hülle hat ein Guckloch, durch die man auf ein geschlossenes Auge schaut. Zieht man die Innenhülle langsam heraus, kommen weitere Bilder von dem Auge, das sich immer weiter öffnet und schließlich ganz offen steht. Wir Babyboomer werden noch erleben, dass diese doppelte Plattenhülle in das New Yorker Museum of Modern Art kommt. Bei späteren Pressungen hat sich die Plattenfirma diesen Schnickschnack erspart.

Den Kult, der jetzt wieder um die Schallplatte gemacht wird, kann ich nur makaber nennen. Es gibt plötzlich CDs in Vinyl-Optik – also die Oberseite der CD schwarz lackiert mit einem runden Etikett der Plattenfirma in der Mitte. Das ist, wie wenn man auf dem Blech eines VW Beatle die Karosserie eines Käfers aufmalt.

Ich traute meinen Augen nicht, als ich kürzlich in einem Möbelhaus (ausnahmsweise nicht Ikea) einen Plattenspieler ausgestellt sah. Sein Design erinnerte an diese Koffer-Plattenspieler aus den Siebzigern, bei denen ein oder zwei Lautsprecher im Gehäusedeckel eingebaut waren. Auch ein Drogeriemarkt bietet jetzt einen an, in der Anzeige steht er gleich neben dem Hochdruckreiniger-Set.

Kein Babyboomer kauft diesen Kram, weil er sich schon Mitte der achtziger Jahre mit der Überschwemmung durch CDs abgefunden hat. Nein, es ist die Generation Ally, die für so etwas Geld ausgibt, um ein Trauma aus der Kindheit zu bewältigen: ihre Eltern haben die Plexiglas-Haube ihres teuren Plattenspielers mit Tesafilm fixiert, damit Laura oder Kevin nicht den Plattenteller klauen konnten.

Aber ich schweife ab. Die allererste Kompakt-Kassette, an die ich mich erinnere, war „Non Stop Dancing 1973" von James Last. Firma Polydor. Nicht Mozart, nicht die Beatles, sondern James Last. Ich kann nichts dafür – ich habe meinen Vater im Verdacht, dass er die Kassette geschenkt bekommen hat (ich will einfach nichts anderes glauben) und irgendwo liegen ließ, wo die Kinder hinsehen und zugreifen konnten. Ich wäre, hätte Mozart mich zur Musik verführt, ein großer Musiker geworden. Doch dieses erste Mal besorgte „Hansi", wie James Last von seinen Fans genannt wird, und ich muss dieses Trauma heute schreibend bewältigen.

Hansi war eigentlich ein guter Komponist und Unterhaltungsmusiker und ein noch besserer Arrangeur. Es gibt großartige Platten von ihm aus den Sechzigern, etwa seine

Version von Stücken aus dem Musical „Hair“. Ende der sechziger Jahre hat er die „Non Stop Dancing“-Musik erfunden – und den Nerv der Zeit getroffen. „Non Stop Dancing“ reihte die Hits eines Jahres im James-Last-Sound aneinander, und zwar so, dass die Zuhörer eine Party feiern konnten. Sie mussten dabei nicht einmal Beifall klatschen, auch der kam von der Platte. In Zeiten, da Leute noch Hauspartys feierten und Partymusik mit Kassetten und Schallplatten ziemlich umständlich zu machen war, kam Hansi gerade recht.

Hansi traf auch den Nerv des kleinen Martin und mutmaßlich den seines Bruders, mit dem Martin im Keller des Hauses spielte. „Non Stop Dancing 1973“ lieferte den Musik-Teppich für unzählige Stunden Auto-Quartett- und Cowboy-Spiele, sprich für die Plastik-Figuren, denen man den Hut abnehmen und die Arme bewegen konnte (das steife Playmobil kam zu unserem Glück erst später). Wer beim Auto-Quartett die Karte mit dem weißen Opel Diplomat V8, 230 PS, hatte, konnte nur noch schwer verlieren. Weniger Hoffnung machte die Karte mit dem Opel Manta 1,2 Liter, 60 PS, das Spar-Modell zur Öl-Krise. Dumm gelaufen!

Die „Non Stop Dancing“-Reihe wurde Ende der siebziger Jahre eingestellt, als überhaupt die fröhlichen Jahre zu Ende gingen. Aber James Last ist heute Kult – eine Entwicklung, die Hansi selbst wohl am wenigsten begreift.

Ich reagiere natürlich auf die Zeichen der Zeit und hole mir „Non Stop Dancing 1973“, weil die Kassette längst kaputt ist, im Secondhand-Laden als Platte. Preis 2,50 Euro. Jetzt freue ich mich wieder an Stücken wie „Popcorn“ von Hot Butter und „Easy Livin“ von Uriah Heep und rege mich darüber auf, dass Hansi auch Bata Illic' „Michaela“ oder „Viva Espana“ (die deutsche Version stammte von Lena Valaitis) bedacht hat.

Mein erster Kassetten-Rekorder war von der Marke Philips. Alle Funktionen ließen sich mit einem Knopf bedienen. Das Umspulen einer Kassette dauerte so um die zwanzig

Minuten und ruinierte Daumen und Zeigefinger, weil die Taste nicht einrastete. Der Philips-Klang erinnerte bereits daran, dass die Kassette wohl von James Last war, allerdings nur so lange, wie den Batterien im Rumpf des Rekorders nicht der Saft ausging. Meine Mutter merkte es immer als erste.

Der Philips wurde von einem Exemplar der Marke Poppy abgelöst. Er bedeutete einen technischen Quantensprung (neben der „Hebelwirkung“ das einzige Wort, das mir aus dem Physikunterricht geblieben ist). Endlich hatte ich für jede Funktion eine eigene Taste. Und es war ein Ohrhörer dabei – ein ohropax-großes Zäpfchen mit einer langen Schnur dran. Du hast die auch benutzt wie Ohropax. Diese Ohrhörer waren immer aus elfenbeinfarbigem Plastik und besaßen in der Mitte ein winziges Loch. Vermutlich trat hier die Musik aus. Das Loch war immer von Ohrenschmalz verstopft.

An den Poppy muss ich denken, wenn ich Lieder von Udo Jürgens höre. Zur Poppy-Zeit nahm ich Udos „Griechischer Wein“ aus dem Radio auf und spielte das Lied bestimmt fünftausend Mal. Der Poppy ist längst kaputt, aber wenigstens singt Udo Jürgens noch.

An den Poppy dachte ich auch, als ich neulich im Stuttgarter Kunstmuseum war. Dort ist als Kunstwerk eine Holzkiste, gefüllt mit Musik-Kassetten, ausgestellt. In der Beschreibung heißt es immerhin, die Musik-Kassetten seien alle mit Klaviermusik bespielt.

Ich stelle mir vor, dass der Künstler für diese bedeutende Arbeit 500.000 Euro Honorar eingestrichen hat. Beim nächsten Besuch im Museum lasse ich meine Adresse da – die Damen und Herren dürfen auch bei mir Holzkisten mit Musik-Kassetten abholen und gleich das Vielfache dieses Betrages dalassen. Die Summe wird meinen Schmerz darüber lindern, dass meine geliebte Musik-Kassette inzwischen zu einem Museumsobjekt geworden ist.

Die Jahre mit Agnetha und Anni-Frid

Meine Mutter war die erste Frau in meinem Leben. Meine nächsten hießen Agnetha und Anni-Frid. So ging es vielen Babyboomern.

An die erste Begegnung mit meiner Mutter erinnere ich mich nicht, aber an die mit Agnetha und Anni-Frid. Agnetha trug eine blaue Mütze über ihrem blonden Haar. Die Bluse war genauso blau und mit silbernen und roten Monden behängt. Anni-Frid hatte sich ein rostbraunes Tuch um den Hals gebunden und trug eine mit silbernen Herzchen verzierte Bluse. Beide hängten Ketten über die Schulter, wie man sie auch in der Badewanne benutzt, um den Stöpsel aus dem Abfluss zu ziehen. Neben Anni-Frid und Agnetha standen zwei Männer, Björn und Benny, die mir nicht besonders auffielen. Wahrscheinlich waren es die Leibwächter.

Die Ketten aus der Badewanne trugen Agnetha und Anni-Frid (auch die komischen Typen) an dem Tag, als sie den Grand Prix, diesen Wettbewerb mit der Eurovisions-Musik am Anfang und Ende, gewannen. Da waren sie schon eine Weile ABBA, eine Popgruppe, die noch vor Ikea Schweden auf dem europäischen Festland bekannt machte.

Viele Menschen wollen zu einer anderen Zeit geboren sein, etwa Männer im Römischen Reich, weil man sich dort noch Sklavinnen halten konnte, oder Frauen erst im Jahr 2050, um nicht dem Chef von heute zu begegnen. Mir hätte genügt, ein paar Jahre früher auf die Welt zu kommen, dann hätte ich den ABBA-Sieg von Brighton bewusst mitgekriegt. Aber wer zu spät kommt, den bestraft bekanntlich das Leben, und so blieb mir von dem Weltereignis nur ein Foto – Agnetha und Anni-Frid und ihre Leibwächter tragen besagte Klamotten auf der Hülle von „Best of ABBA", der ersten selbst gekauften Kompakt-Kassette in meinem Leben.

Wir Babyboomer sind die Generation, die mit ABBA groß geworden ist. Wir liebten sie schon, bevor sie den Stoff für ein Musical lieferten. Ich hörte stundenlang die „Best of"-Kassette, und als mir mein Vater einen Dual-Plattenspieler schenkte, kaufte ich mir nach und nach die ABBA-Singles aus dem ersten, mickrigen Plattenladen, dessen Besitzer hauptsächlich von Radio- und Fernsehreparaturen lebte. Singles kosteten sechs Mark und hatten Platz für zwei Lieder. Aber wichtiger waren die Hüllen mit den Bildern von Agnetha und Anni-Frid. Ich kaufte nacheinander die Singles „So long", „S.O.S.", „Mama Mia" und „Money Money Money".

Unter allen ABBA-Liedern packt mich bis heute keines stärker als „S.O.S.": Auf der Single-Hülle tragen Agnetha und Anni-Frid kurze weiße Röcke; auf ihre T-Shirts sind große Katzen aufgemalt. Agnetha singt „S.O.S." allein und sie singt es so, als wolle sie gerade mich um Hilfe rufen. Ich schließe das Fenster, drehe die Musik auf und glaube es.

ABBA begannen mein Leben zu durchfluten – und das der paar anderen Babyboomer. Auf keinem Kindergeburtstag fehlte die Tanzeinlage „Agnetha und Anni-Frid" mit dem Mädchen, das Geburtstag hatte, und ihrer besten Freundin. Sie tanzten zu ABBA-Liedern nach, was Agnetha und Anni-Frid in Ilja Richters „Disco" vorgemacht hatten. Dagegen wirkte Marianne Rosenberg, die immer vorher singen durfte, wie eine Salzsäule.

Zum Auftritt der Mädels gehörten natürlich ABBA-Kostüme, für die nähende Mütter ein Foto aus der „Bravo" als Schnittmuster nahmen, und ein schmalfilmender Vater, der mit dem Motiv an die Grenzen seiner Möglichkeiten stieß, denn die meisten Super-8-Kameras waren ohne Ton, und die Technik hielt alles in Zeitlupe fest, weil sie mit schnellen Bewegungen nicht klarkam. Zu den Höhepunkten des Schmalfilm-Abends gehörte, wenn der Vater, nach anfänglicher Verweigerung, den Film rückwärts zeigen musste, was beim Video heute nicht mehr geht. Auch in der Rückwärtsbewegung erreichten die deutschen Agnethas und Anni-Frids noch das Niveau einer Dieter-Bohlen-„Deutschland sucht den Superstar"-Show 30 Jahre später.

Allmählich freundete ich mich auch mit den Lebensabschnittspartnern von Agnetha und Anni-Frid an. Benny wirkte auf mich so fröhlich und gütig wie der Bär Balu im „Dschungelbuch". Björn sang zwar manchmal, obwohl er nicht singen konnte, aber dennoch bat ich meine Mutter, die mir die Haare schnitt, mir eine Björn-Frisur zu machen. Als wir mitten im Schuljahr einen neuen Lehrer bekamen, schrieb ich „Björn" auf mein Namensschild. Ich blieb „Björn" zwei Deutschstunden lang.

Eines Morgens schleppte Oliver, mein bester Freund, zwei ABBA-Poster aus der „Bravo" an. Das eine zeigte ein frühes Motiv der Gruppe, die Vier am Strand, Agnetha und Anni-Frid trugen Bikinis. Agnetha war noch nicht so stark geschminkt wie später, sie wirkte wunderbar natürlich. Auf dem anderen Plakat trugen alle ABBA-Mitglieder dunkelblaue Seide, die Mädchen lange Kleider, die Männer Anzüge.

Oliver sah, dass ich ein Fünfmarkstück in der Hand hielt, damals für uns sehr viel Geld, und er sah, dass ich auf die Poster starrte wie die Katze auf einen humpelnden Vogel. Ich fragte: Was willst du dafür? Und er: fünf Mark. Wie es ausging, kann man sich denken.

Zu den Höhepunkten meines Lebens gehörte der Auftritt von ABBA in Ilja Richters „Disco". Die „Bravo" hatte mich schon Wochen vorher darauf eingestimmt. Die Tage bis dahin wollten nicht vergehen. Als der besagte Samstag gekommen war, hieß es Nerven bewahren (die jungen Leute von heute würden sagen: cool bleiben), vor allem nichts von der Anspannung vor Eltern, Brüdern und Freunden zeigen.

Wir Babyboomer hatten in unserer Pubertät keinen eigenen Fernseher im Zimmer, und wenn doch, ein Schwarz-Weiß-Gerät, das dem Auftritt von ABBA in der „Disco“ nicht gerecht wurde.

Gegen Abend begrüßte Ilja seine Zuschauer so kasperhaft, wie er es immer tat, und rief zuerst alle mittelmäßigen Sänger und Gruppen auf die Bühne. Die Zeit verging jetzt noch langsamer. Gegen Schluss kamen sie – zwei Mädchen und zwei Jungs, die Mädchen mit Glitzer-Augen, in langen weißen Röcken, sehr keusche Erscheinungen. Sie sangen „S.O.S.“ oder „Mama Mia“ genauso schön wie auf der Platte (von Playback wusste ich damals noch nichts). Manchmal kam Agnetha ganz allein ins Bild. Sie sah mich an. Sie sang zu mir.

Und dann war alles vorbei. Dreieinhalb Minuten dauerte eine Single in diesen Tagen. Agnetha und Anni-Frid verbeugten sich vor dem johlenden Publikum und winkten. Ich merkte mir jede Sekunde gut. Es musste für das nächste halbe Jahr, bis ABBA wiederkam, reichen.

Agnetha war die Verletzlichere, ja Zerbrechlichere, Anni-Frid robust und stark. Die „Bravo“ sagte mir, dass Agnetha mit Vorliebe auf dem Bauch schlief und dabei ihr Bedürfnis nach Wärme und Kuscheln ausdrückte, während Anni-Frid die ganze Nacht über auf dem Rücken lag. Bilder zeigten die Schlafstellungen der Beiden. Die „Bravo“ führte, noch vor der Polizei, den Fotobeweis ein.

Auf der Plattenhülle von „The very best of ABBA“ küssen sich Anni-Frid und Benny heftig. Agnetha und Björn hatten ein gemeinsames Kind, sie mussten also auch ein Paar sein, wie ich damals schon wusste (aber gern verdrängte). Eines Tages gab die „Bravo“ die Trennung von Agnetha und Björn und kurze Zeit später auch die von Anni-Frid und Benny bekannt. Agnetha zeigte sich mit einem Eishockey-Spieler, der Björn zum Verwechseln ähnlich sah.

Ich war auf Benny und Björn immer eifersüchtig gewesen, aber die Vorstellung, dass Pärchen sich nicht mehr lieben und trotzdem zusammen singen, gefiel mir auch nicht. Ich wandte mich einer Gruppe zu, in der es keine solchen Händel gab, Deep Purple. Die psychologische Forschung wird dieses Phänomen später einmal untersuchen.

Meine persönliche ABBA-Mania – was heute darunter läuft, ist ein Abklatsch davon – wurde noch durch den genetischen Defekt meines besten Freundes, Oliver, gesteigert, der auf die Bay City Rollers stand. Vielleicht lag es daran, dass er Einzelkind war. Sein Zimmer hätte keine Tapete gebraucht, so sehr war es mit Bay-City-Rollers-Postern zugepflastert. Weil fünf Jungs zu der Gruppe gehörten, konnte immer einer in der Mitte stehen, das Milchgesicht Leslie, aber es waren ja alle Milchgesichter. Leslie McKown hielt sich für den Sänger der Gruppe. Olivers Mutter musste schottische Karo-Flicken auf Jeansjacke und -hose nähen, weil Leslie und seine Freunde, allesamt Schotten, mit so etwas herumliefen.

Die Bay City Rollers machten in den Pausen zwischen zwei Fototerminen auch Musik, aber davon berichtete nur die „Bravo", die man nur lesen, nicht hören konnte. Auch ein Super-8-Film von Olivers Vater, der einen Fernsehauftritt der Bay City Rollers festhalten musste, brachte keine Aufklärung, denn die Kamera besaß kein Mikrofon. Und so wurde kein Ton mitgeschnitten.

Eines Tages bot mir Oliver an, bei seinen eigenen Bay City Rollers einzusteigen. Es siegte meine Eitelkeit über den guten Geschmack und ich lieh mir eine BCR-Kassette. Man musste sich ja mit dem Material vertraut machen! Die insgesamt zwei Proben – vielleicht gab es mehr und Oliver wollte mich mangels Talent nicht mehr dabei haben – fanden in Olivers Zimmer unter strengstem Ausschluss der Öffentlichkeit statt. Oliver wählte natürlich miserable BCR-Songs aus (es gab von BCR nur miserable Stücke). Er hängte mir eine Rhythmus-Gitarre um, die mir wegen ihrer orangenen Farbe gefiel, und setzte sich selbst an ein Schlagzeug. An ein Schlagzeug hätte ich gut gepasst. Schließlich hatte ich mir eines aus Dash-Waschmitteleimern und zwei Kochlöffeln gebaut. Er engagierte dann noch einen Leadgitarristen, einen Bassisten (Bass spielen immer die Stillen, Verklemmten) und einen Sänger. Ich hätte lieber die Leadgitarre gespielt, denn ich konnte die Rhythmus-Gitarre beim besten Willen nicht heraushören.

Alle Instrumente blieben ohne Ton, wir sollten nur Playback zur Platte machen. Oliver drosch trotzdem ungeniert auf sein Schlagzeug ein. Auch der Sänger gab Laute von sich, doch er wurde – in diesem Fall zum Glück – vom echten Leslie übertönt. Ich hörte das, was ich nachahmen sollte, immer noch nicht, fühlte mich aber sehr wichtig dabei. Eine Probe dauerte ungefähr vier oder fünf BCR-Stücke. Dann klopfte Olivers Mutter an und fragte, ob sie uns ein paar Brote schmieren sollte. Erschöpft von der geleisteten Arbeit stimmten wir zu.

Ein Plattenvertrag war nur eine Frage der Zeit. Hätte Oliver nicht alles platzen lassen, wären wir heute „Pur“ und nicht diese anderen aus Bietigheim-Bissingen.

In meiner nächsten Gruppe, die ich der einfachen Organisation halber ganz alleine bildete, war ich nicht mehr Rhythmus-Gitarrist, sondern Sänger. Wenn ich allein im Haus war, legte ich „Made in Japan“ von Deep Purple auf und mimte Ian Gillan bei Liedern wie „Highway Star“ und „Child in Time“. Das Bücherregal Eiche rustikal, das schräg rechts von mir in der Ecke stand und mein einziger Zeuge war, muss sich fast kaputtgelacht haben.

Die Rolle als Ian Gillan war mir auf Dauer zu anstrengend. Ich beneide die Headbanger der Generationen Golf und Ally um ihre Kondition – bei einem „Ärzte“-Konzert schütteln sie sich, als habe jeder zwei Finger in eine Steckdose gesteckt.

Langsam wuchs das Bedürfnis, selbst Musik zu machen, allerdings nicht auf der Blockflöte, mit der ich es im Unterricht bis zu „Im Märzen der Bauer die Rößlein einspannt“ gebracht habe. Die Wahl fiel auf die Holzgitarre, die zur Jugendzeit der Babyboomer noch ein angesehenes Instrument war. Unsere älteren Schwestern und Brüder hörten die sogenannten Liedermacher, Bob Dylan, Cat Stevens oder Joan Baez. Auch deutsche Sänger begannen Säle zu füllen, Franz-Josef Degenhardt, Heino oder Reinhard Mey. Hinzu kam die Aussicht, an einem Lagerfeuer kräftig Eindruck auf Mädchen zu machen, selbst wenn es nur zu „Blowin in the wind“ von Bob Dylan oder „Streets of London“ von Ralph McTell langte. Mein Vater hatte mir kurz vorher angeboten, Akkordeon zu lernen, aber Gestalt und Klang dieses Instruments erschienen mir als Liebestöter. Ich mochte auch nicht diese Akkordeon-Mädchen, die das Instrument Sonntag morgens beim Frühschoppen im Festzelt spielten – sie galten als Übriggebliebene, als letzte Ausfahrt auf dem Markt der Möglichkeiten.

Meine Eltern fanden, dass ich das Gitarrenspiel von Grund auf lernen sollte, und bezahlten einen Lehrer in der städtischen Musikschule. Dieser Lehrer erschien ein paar Mal nicht, vermutlich, weil er wie Oliver meine Talentlosigkeit erkannte und immer schwerer ertrug. Ich tat es ihm nach einem Vierteljahr gleich und kam auch nicht mehr.

Kurze Zeit später fand ich im sogenannten Amtsblatt unseres Örtchens eine Anzeige mit dem Text „Gebe Gitarrenunterricht“, darunter eine Telefonnummer. Der Mann, der an den Apparat ging, konnte nicht Gitarre spielen, hielt es aber für möglich, dass jemand anderes im Haus inseriert hatte. Tatsächlich rief später eine andere Männerstimme zurück. Wir vereinbarten einen Termin.

Ich hoffte noch, dass mich die notierte Hausnummer an der einzigen Bruchbude in dieser Straße vorbeiführen würde, einem Haus, das als alternative Wohngemeinschaft im Ort bekannt war. Jedes Dorf hatte jetzt so einen Gammelplatz von Langhaarigen, die nicht arbeiteten und bis weit in die Nacht laute Musik hörten.

Es zeigte sich, dass die Hausnummer genau dorthin führte. Die Haustür war natürlich nicht verschlossen, einer sagte „Hey“ und schickte mich in den zweiten Stock. Mein Gitarrenlehrer trug tatsächlich eine lange dunkle Mähne und einen Oberlippenbart, Indien-Klamotten und viele Ringe um den Hals.

So kamen die Alternativen in mein Leben.

Ich gewöhnte mich an herumliegende Socken und T-Shirts und an die halbnackte Freundin, die wegen eines Gitarrenschülers aus dem Bett steigen und das Zimmer verlassen musste. Mir fiel auf, dass mein Gitarrenlehrer stets glasige Augen hatte. Er war bekifft, aber von solchen Dingen wusste ich damals noch nichts. Sicher konnte er meine Versionen von „Knocking on heaven's door“ und „We shall overcome“ nicht anders ertragen.

Für mein erstes Konzert verlangte ich keine Gage, denn ich ahnte überhaupt nicht, dass mir jemand zuhören würde. Neben meinem Zimmer befand sich ein Klo. Auf dem saß einmal mein Vater, während ich „Blowin in the wind“ übte. Als er mit seinem Geschäft fertig war, kam er herein und lobte meine Fortschritte. Seither vergewisserte ich mich, dass die Luft auf dem Klo – ganz wörtlich – rein war, bevor ich meine Gitarre in die Hand nahm.

Leider tauchte mein Gitarrenlehrer eines Tages ab und sagte auch seinem begabtesten Schüler nicht Bescheid. Wenn er nicht an Drogen gestorben ist, lebt er noch heute.

Auch ohne Haschisch geriet meine Ausbildung an der Gitarre in ruhige, geradezu narkotisierende Bahnen. Das verdanke ich meinem Vater. Jeden Sonntag morgen legte er „Songs of Leonard Cohen“ auf den Plattenteller und sich selbst auf die Dreiercouch. Wie er auf Cohen und dessen dunklen, monotonen Gesang gekommen war, weiß ich nicht. Jedenfalls musste meine Mutter zu Liedern wie „Suzanne“ und „So long, Marianne“ das Mittagessen zubereiten. Das war tapfer.

Wahr ist, dass Leonard Cohen nicht singen kann. Mit dem Komponieren und Singen hat er nur angefangen, weil er von seinen Gedichtbänden und Romanen keine Miete zahlen konnte. Wahr ist aber auch, dass er keinen Zuhörer gleichgültig lässt. Ein Journalist empfahl einmal, dass die Plattenfirma zu „Songs of Leonard Cohen" die Rasierklinge zum Aufschneiden der Pulsadern gleich mitliefern soll. Andere dagegen, vor allem Pärchen, haben zu seiner Musik Joints herumgereicht oder Kinder gezeugt.

Ich habe einmal Petra und Jörg in ein Leonard-Cohen-Konzert geschleppt. Jörg bemühte sich hinterher, etwas Nettes darüber zu sagen. Es sei ein einfühlsames Stück gewesen, das Leonard den ganzen Abend gespielt habe. Besonderen Eindruck machte es auf Jörg, dass Lenny nicht nur seiner Band, sondern auch dem Busfahrer gedankt hat.

Sonntag war also, wenn diese Platte lief. Dabei faszinierte mich kein bestimmtes Lied, sondern die Tonlage von Cohens Stimme. Cohen brachte in mir – und sicher auch in meinem Vater – eine Saite zum Schwingen. Aber während sich mein Vater diesen Ausflug für die Seele nur einmal pro Woche erlaubte, sog ich Cohens Musik auf und spielte sie auf der Gitarre nach. Dabei kam mir zugute, dass mein Stimmumfang und meine Gitarrenkunst genauso begrenzt waren wie die von Leonard Cohen.

Die Hoffnung, mit der Gitarre Mädchenherzen zu erobern, musste ich jetzt leider begraben. Bei Anna zum Beispiel bewirkte das Ständchen am Bett – ich spielte und sang „Sisters of Mercy" – rein gar nichts. Ich hätte auch „Heidschi Bumm Beidschi" trällern können, das österreichische Gute-Nacht-Lied.

Später scheiterte ein Versuch, außer Cohen-Lieder noch etwas anderes zu singen. Ich probierte es mit Reinhard Meys „Über den Wolken", kam aber einfach nicht – ganz wörtlich – in diese Höhen.

Heute ist die Holzgitarre als Begleitinstrument völlig out.

Wer mit seinem Instrument in der U-Bahn zum Gitarrenunterricht fährt, wird fast so schief angesehen wie die vergeistigten, dickleibigen Jungs mit dem Cello-Kasten zwischen den Knien. Sogar im katholischen Jugendgottesdienst reicht keine Klampfe mehr, sondern spielen komplette Bands auf der Treppe zum Altar. Und die Straßenmusiker in Stuttgart und Frankfurt setzen elektrische Verstärker ein, um die Dampfhammer der nahen Baustelle zu übertönen. Auch mit den Holzgitarren zu Hause ist es wie mit der Schallplattensammlung: Keiner wirft sie weg, keiner nimmt sie noch einmal in die Hand.

Als ein Auto noch „Käfer“ hieß

Nicht erst die Babyboomer, aber die eben auch, verbringen ihr halbes Leben im Auto. Zuerst in den Autos, die Papa und Mama (zu unserer Zeit meist Papa) fahren, später in den eigenen.

Auch was Autos angeht, hat es das Schicksal mit uns Babyboomern gut gemeint: Wir sind die erste Generation, die nicht im VW Käfer groß wurde – na ja, fast nicht, vielleicht war er noch der Zweitwagen von Mama. Aber unser erstes eigenes Auto war nicht mehr dieser Traktor, sondern tatsächlich ein Auto, ein VW Golf (der Erste), ein Opel Ascona (auch der Erste) oder der Renault 16.

Als Kinder erlebten wir den Käfer im Zenit seiner Popularität. Als „Toller Käfer“ bereitete er auf der Kinoleinwand oder im Fernsehen Vergnügen. Von meinem ersten Taschengeld kaufte ich mir ein Spielzeugauto – einen „tollen Käfer“. Ich ließ ihn seine Vorderräder abheben, ja fliegen, wie in diesen Filmen. Der Käfer lehrte mich, dass es in der Wirklichkeit nicht so schön zuging wie im Film.

Meine Mutter fuhr eine Zeit lang ein hellblaues Käfer-Exemplar. Einmal begleitete ich sie auf einer Käfer-Fahrt über die Autobahn. In den Siebzigern gab es auf den Autobahnen erst wenige Staus, aber natürlich gerieten wir in einen solchen. Es war Hochsommer, 30 Grad im Schatten, sogar im Käfer wurde es zur Abwechslung warm. Keine Wolke am Himmel kündigte Regen an. Plötzlich setzten sich die Käfer-Scheibenwischer in Gang und beruhigten sich auch auf gutes Zureden hin nicht mehr. Meine Mutter kannte den Hebel für die Scheibenwischer und bediente ihn, aber es nutzte nichts: Die Scheibenwischer wiesen den nicht vorhandenen Regen ab. Dann drehte sie an den beiden Gummiknöpfen (die mit den blauen, einen Kreis bildenden Pfeilen) für die Lüftung, worauf sie auch gleich einen in der Hand hatte. Ich bemühte mich erfolglos, mein Lachen zu verkneifen, und den Staustehern vor und hinter mir gelang es auch nicht. Meine Mutter und ich stellten dann die Wischblätter vor der Frontscheibe hoch, was unendlich komisch aussah. So erfanden wir den elektromotorbetriebenen Fächer. Ein Käfer schafft es immer, in Erinnerung zu bleiben.

Weil mir der Schulweg zum Gymnasium nicht geheuer war, brachte mich meine Mutter anfangs mit dem Käfer hin. Leider hieß die Jahreszeit Winter. Seither begann mein Unterricht noch früher als sonst – ich lernte, eine Fußmatte unter einem durchdrehenden Reifen kaputtgehen zu sehen. Und wie viel Kraft man braucht, um ein Auto anzuschieben.

Es war, so steht zu vermuten, das Unglück der Achtundsechziger, dass sie mit dem VW Käfer groß geworden sind. Die Fahrt zwischen München und Hamburg, wo ein Kumpel aus der WG Geburtstag feierte, dauerte zehn Stunden – wertvolle Zeit, in der sie nachdenken und einen Plan zur Besserung der Welt schmieden konnten. Ein Auto, das diesen Namen verdient, hätte uns diese deutsche Linke erspart.

Außer dem Käfer watschelte noch eine andere Vorstufe des Automobils, der Citroën 2 CV, schmeichelhaft „Ente“ genannt, zu uns Babyboomern hinüber. Wir haben sie, in unserer angeborenen Weisheit, selten selbst gefahren, weil unsere älteren Geschwister welche hatten, aber gern mit dem Taxi nach Hause kamen.

Zwischen den Standzeiten in der Werkstatt fuhren aber auch wir gelegentlich mit. Das war mutig. Wenn eine ausgeklappte 2-CV-Fensterscheibe aus ihrer Halterung rutscht, stürzt sie auf den ebenfalls ausgeklappten Arm und kann ihn glatt zerteilen. Immerhin funktioniert die Heizung besser als beim Käfer, vor allem im Sommer, wenn die Sonne durchs offene Dach brennt.

Ein weiterer Vorteil war die durchgehende Sitzbank, die Citroën in einer frühen Ente-Serie anbot. Eine ganze Generation, zum Glück nicht unsere, machte darauf Petting und noch mehr.

Ein Kollege von mir, er steht in den Fünfzigern, hat in seinem Leben vier Enten gefahren, bevor er vernünftig wurde. Mit 16 PS unter der Haube pflegte er zwischen Stuttgart und dem Bodensee zu pendeln, zu einer Zeit, als es dorthin noch keine Autobahn gab. Hinter ihm stauten sich kilometerlang Autofahrer, die wegen der kurvenreichen Strecke nicht überholen konnten. Die Ente verlangte gute Nerven. Wenn allerdings Schnee lag und die Strecke etwas bergauf ging, fuhr nur noch eine – sie.

Ich erinnere mich an die allererste Ente-Fahrt meines Lebens ganz genau und das nicht aus Begeisterung. Ich fühlte mich sehr erwachsen, als mich Barbara, volljährig und Redakteurin der Schülerzeitung wie ich, in ihrem türkisfarbenen Exemplar mitfahren ließ. Auf der Rückbank herrschte eine solche Enge, dass du, bei angezogenen Knien, eine Thrombose riskiert hast. Schon nach wenigen Metern Fahrt war mir schlecht. Ich fand es trotzdem erhebend, in einer Ente zu sitzen – es ging ja auch dauernd rauf und runter.

Mir imponierte der 2 CV auch deshalb, weil ich mir Barbara in gar keinem anderen Auto vorstellen konnte. Sie rauchte selbstgedrehte Zigaretten, trug selbstgestrickte Pullover und packte im Restaurant selbstgebackenes Brot aus. Der Ente-Fußboden war mit Zigarettenschachteln und Flugblättern von Frauen-Demos übersät. Von den fünfzig Feuerzeugen im Ente-Cockpit funktionierte keines. Aber Barbara hatte immerhin schon den Führerschein und ihre Artikel für die Schülerzeitung waren ziemlich gut.

Überhaupt waren das die Jahre, als die Autos noch zu ihren Käufern passten. Man fuhr das Auto, das man sich gerade leisten konnte, und wenn man ein paar Jahre gespart hatte, langte es zu etwas Besserem.

Unser Nachbar in den Siebzigern zum Beispiel hatte einen Bierbauch, den er stundenlang gegen die Brüstung seines Balkons drückte. Das entlastete seine Wirbelsäule. Dabei trug er stets ein weißgeripptes Unterhemd, rauchte und sah stolz auf seinen Wagen, ein Exemplar des bieder geformten VW 1600. Vielleicht passte er auch nur auf, dass wir Kinder dem Auto mit unseren Rollern nicht zu nahe kamen. Der Mann entwickelte sich – es blieb zwar bei den weißgerippten Unterhemden, aber er tauschte den VW 1600 gegen einen damals neuen VW Passat. Bevor unsere Familie wegzog, erlebte ich noch den wichtigsten Modellwechsel: plötzlich stand ein weißer Audi vor der Tür. Er wurde von einem Besitzer bewacht, der jetzt bisweilen auch karierte Hemden trug.

Später haben die Achtundsechziger die existentielle Einheit von Auto und Besitzer zerstört. Sie fuhren zum Beispiel Ente, als sie schon längst Kohle hatten. Das war der Zweitwagen, den „Großen" nahm an diesem Tag die Ehefrau. Heute ist – um mit Karl Marx zu reden – die Entfremdung zwischen Fahrer und Wagen vollends perfekt: Die Marke verrät rein gar nichts mehr über mein Leben, meine Leidenschaften und Neurosen. Heute sehen alle Autos gleich aus. Farbe silber. Ist das ein Opel oder ein Toyota oder ein Volvo? Und du kannst jedes Auto „finanzieren", wie es neudeutsch heißt – wir Babyboomer sagten noch „abstottern" dazu.

Auch das letzte Schlupfloch, über das Auto einen Sinn fürs Leben zu finden, ist für uns Babyboomer verstopft: Unbemerkt hat die „Generation Ally" die Mercedes und Opel unserer Väter und Großväter okkupiert. Wer heute Mitte Zwanzig ist, fährt einen Mercedes-Benz aus den Siebzigern, einen „Youngtimer", wie diese Autos heißen. Dazu lassen sich die Fahrer lange Koteletten wachsen und tragen braune Kordanzüge. Doch auch sie brechen nicht das Naturgesetz, wonach ein Diesel-Benz niemals einen Brummi überholen kann.

Wir Babyboomer haben noch erlebt, dass ein Auto ein Glück sein konnte. Ich kannte den Vorsitzenden eines Kaninchenzüchtervereins, der mit Mitte 40 ein Häuschen mit Garage abbezahlte, mit seiner Ehefrau zusammenlebte und zwei Kinder groß werden sah. Seine Liebe gehörte außerdem seinen Kaninchen und – vor allem samstags – seinem weißen Benz, den er an diesem Tag komplett unter Schaum legte und stundenlang von diesem Schaum befreite. Es handelte sich um eine weiße Limousine W 123 mit schwarzen Stoffsitzen. Vor Sonnenuntergang, als seine Frau zum Abendessen rief, blitzte der Benz so weiß wie das Fell eines jungen Kaninchens.

So viel Lebensqualität ist heute nicht mehr möglich, und daran sind die Grünen schuld. Wegen des Umweltschutzes dürfen wir heute unsere Autos nicht mehr vor unseren Wohnungen oder Häusern waschen.

Wenn ich Samstag nachmittags auf dem Fahrrad aus dem Lerchenweg in das Tiefengässle und von dort aus auf die Jahnstraße bog, kam ich an mindestens zehn autowaschenden Familienvätern vorbei, deren Schaumspur am gemeinsamen Gully endete. Alle besaßen einen orangenen Wasserschlauch der Marke Gardena mit einer Spritzpistole. Mit einem ockerfarbenen Schwamm wurde der Pollenflug der vergangenen Woche unterm Schaum gleichmäßig verteilt. Um den Schaum abzusprühen, brauchte es die Wassermenge eines mittelgroßen Hallenbades. Häufig durften Töchter oder Söhne spritzen, doch das Abledern war den Vätern vorbehalten. Sie taten es mit Hingabe. Sie wussten ja noch nicht, anders als die Generation danach, wo in der Wohnung der Staubsauger steht.

Weil die Grünen uns auch dieses Hobby nahmen, sind die Sitten des Autowaschens heute völlig verroht. Eine Autowaschanlage, bei der du im Wagen sitzen bleibst, heilt dich von deiner Klaustrophobie – oder du kommst durch sie um. Wir streicheln das Blech nicht mehr, wir fühlen nichts, wir schauen nur noch zu. Weil das so spannend ist, hocken wir auch vor unserer Waschmaschine und feuern sie beim Schleudern an.

Ein paar Leute haben das Bedürfnis zum Selberwaschen wiederentdeckt und Waschanlagen gebaut, in denen man das Auto selbst shampoonieren und abspritzen darf. Aber das ist eine Arbeit gegen die Uhr: Die Zeit für ein 50 Cent-Stück läuft garantiert ab, wenn man mit drei Felgen fertig ist und gerade zur vierten geht. Schon die Duschmarken auf dem Campingplatz haben mich unter Stress gesetzt. Für 50 Pfennig bekamt man so viel Wasser, dass man sein „Duschdas" in die nassen Haare reiben – und an der Sonne trocknen konnte.

Überhaupt finde ich: Wer heute noch Auto fährt, ist selber schuld. Autofahren hat seine Sinnlichkeit völlig verloren. Wir Babyboomer können uns glücklich schätzen, sie noch erlebt zu haben.

Babyboomer erinnern sich zum Beispiel an das Benzin, das noch wie Benzin gerochen hat. An verbleitem Benzin ließ sich fast so herrlich schnüffeln wie am Edding Faserschreiber. Bleifreies Benzin stinkt nur noch. Zum Glück gibt es weiterhin Diesel, aber an dem wurde auch schon herumgeschraubt.

Einen Nervenkitzel bedeutete es, wenn mein Vater mit 190 Kilometer über die Bundesstraße bretterte. Uns Babyboomern ist dieses Gefühl wohlvertraut. Wo geht das heute noch? Nicht einmal mehr in der Wüste von Nevada.

Die Serie der Geschwindigkeitsbegrenzungen begann in unserer Jugend mit den schwarz-weißen „100"- oder „130"-Aufklebern. Wer ihn an seinem Wagen hatte, wollte sagen: „Ich halte mich an die Richtgeschwindigkeit, fahre freiwillig nicht schneller". „Richtgeschwindigkeiten" gibt es immer noch, aber wer es eilig hat, hält sich nicht daran.

Schon deshalb sind Autobahnen mit Tempolimits übersät und mit Radarfallen zu ihrer Einhaltung.

Wir kannten noch den Tankwart (seltener die Tankwartin), der nicht nur den Tank füllte, sondern den Luftdruck in den Reifen prüfte und mit einem Schwamm über die Frontscheibe fuhr. Danach sah die Scheibe nicht sauber, aber anders dreckig aus.

Heute machen wir den kleinen Kundendienst an einem Samstagmorgen selbst. Bevorzugt im Trainingsanzug, mit Birkenstock-Schuhen und noch nicht gewaschenen Haaren. Schon deshalb kämpfe ich für die Wiedereinführung des Tankwart-Berufes.

Ein Besuch an einer stillgelegten Tankstelle zieht mich immer hinunter. Auf den Stümpfen der abgebauten Zapfsäulen stehen Blumentröge, in denen Geranien sprießen. Im früheren Werkstattgebäude nebenan hat sich ein Getränkehandel oder die nächste „Car-Glas"-Filiale eingemietet.

Dieser Ort weiß noch, dass ein Liter Super Benzin einmal 99 Pfennige gekostet hat. Wir Babyboomer wissen es auch. Wir saßen damals auf dem Rücksitz im Wagen unserer Eltern. Wir mussten uns dabei noch nicht in einen Sicherheitsgurt zwängen. Und die Schattenspender für die Fenster, auf die ein Katzengesicht aufgemalt ist, waren auch noch nicht erfunden.

Wir Babyboomer wissen auch noch, dass es bei einem Auto, wie auch gelegentlich sonst im Leben, Werden und Vergehen gibt. Wir Babyboomer kennen noch „Rostlauben" – einfach weil es anfangs zu nichts Besserem gereicht hat. Wem heute der Schweller blüht, dem steckt ein Autoschieber eine „Wollen Sie Ihr Auto vekaufen?"-Visitenkarte unter den Scheibenwischer, kauft den Wagen und bringt ihn sonst wohin.

Wir können noch davon erzählen, wie der TÜV „Daumen rauf" oder „Daumen runter" über unser Auto befunden hat. Heute gibt es dort kein Zittern mehr.

Der TÜV prüft die Sicherheitsstandards, die ohne Frage auch das Leben von uns Babyboomern verlängern. Aber dank der Sicherheits- und Öko-Welle seit den siebziger Jahren ist die Auto-Erotik völlig verloren gegangen. Wir nehmen heute Kleinkredite auf für Autos mit einem Liter Hubraum, die wenig Benzin verbrauchen, aber denen am Drackensteiner Hang, wenn es hoch auf die Schwäbische Alb geht, die Kraft ausgeht.

Auch bei uns Babyboomern hat es mit Sex begonnen. Mit richtig viel, bei – ich wiederhole mich – eine Million dreihundertsiebenundfünfzigtausenddreihundertundvier „Lebendgeborenen" allein im Jahr 1964.

Meine Mutter bewahrte ein altes, noch in Fraktur gesetztes Buch auf, um dessen Bedeutung sie ein Geheimnis machte. Es hatte meiner Großmutter oder vielleicht schon meiner Urgroßmutter gehört. Als ich jung war, fiel es mir einmal in die Hände, ich erinnere mich an grauselige Schnittzeichnungen vom menschlichen Körper. Viel später sagte mir meine Mutter, dass sie und ihre Geschwister aus diesem Buch aufgeklärt worden seien. Meine Großmutter habe ihnen das Buch eines Tages mit dem Hinweis, dass es dafür jetzt Zeit sei, zu lesen gegeben.

Ich schreibe diese Zeilen mit einem beklommenen Gefühl, auch Mitgefühl. Meine Eltern zogen uns Kinder viel freier und fortschrittlicher auf, als es ihre eigenen Eltern getan hatten. Aber was das menschlichste aller Themen angeht, war in dieser Generation noch viel Verklemmung und folglich unter uns Babyboomern auch. Ausnahmen bestätigen wie immer die Regel.

Als ich in die dritte Klasse kam, mussten meine Eltern per Unterschrift erklären, dass sie einem Sexualkunde-Unterricht zustimmten. Sie taten es natürlich.

Die Aufklärung darüber, dass nicht der Storch das Baby bringt, leistete ein junger Lehrer, der es wissen musste, denn er war selbst werdender Vater. Zu unserer umfassenden Information setzte er modernste Hilfsmittel ein, etwa einen Kopierer der ersten Generation, der noch ein spezielles, hitzebeständiges Papier brauchte. Dieses Papier stank und klebte aneinander und verschluckte Buchstaben und Bilder binnen eines Jahres. Es waren Bilder von nackten Mädchen und Jungs, deren Körperteile wir benennen mussten.

Oder wir sollten mit einem spitzen Bleistift einen Punkt aufs Papier drücken – so groß, sagte unser Lehrer, ist das aus weiblichem Ei und männlichem Spermium entstandene Leben nach ich weiß nicht mehr wieviel Tagen. In dieser Zeit sagte ich meiner Mutter, als ich vom Unterricht nach Hause kam: „Heute haben wir gelernt, was ‚o.b.' ist und für was du es brauchst."

Der Aufklärungsunterricht zeigte bald Wirkung, denn in der vierten Klasse verguckte ich mich in meine Deutschlehrerin und nahm ihr übel, dass sie zuerst den Namen wechselte und sich danach einen Babybauch wachsen ließ. Auf dem Klassenfoto ist sie hochschwanger – noch immer versetzt mir der Anblick einen Stich ins Herz.

In den nächsten zwei, drei Jahren passierte erst einmal nichts. Babyboomer-Mädchen kamen mit 14 oder 15 in die Pubertät, Babyboomer-Jungs mit 16 oder 17. In der achten Klasse begannen Pärchen hinter einem Kopierer der zweiten Generation (schon mit Münzeinwurf, aber noch für Spezialpapier) zu knutschen. Unsere Religionslehrerin geißelte das als demonstrativen, erfolglosen Rückzug auf eine Liebesinsel. Ich glaube, sie war verklemmt.

Wie bringe ich einem Mädchen bei, dass auch ich mit ihr „gehen will", wie meinen Wunsch nach Händchen halten, Knutschen und später vielleicht etwas mehr? Wir Babyboomer, in Ermangelung von PC und Handy, verschickten Milliarden von zusammengerollten Zetteln, die im Unterricht von Hand zu Hand gingen. Wenn die Auserwählte allmählich genauso häufig zurückschrieb, wie wir Zettelpost abschickten, war der Boden bereitet, ein Date in greifbarer Nähe.

Karl Marx hat die gesellschaftlichen Verhältnisse für alles und jedes verantwortlich gemacht. Die haben uns pubertierende Babyboomer ein bisschen behindert, aber doch nicht sehr. Ich musste zum Knutschen nicht mehr in den Wald. Das eigene Jugendzimmer, an dessen Tür die Eltern anklopften, war schon erfunden.

Trotzdem verschmähten auch wir die lauschige Atmosphäre im Schatten von Birken nicht. Als ich den Führerschein hatte, fuhr ich mit dem ersten halben Wagen (die andere Hälfte gehörte meinem Bruder) und meiner Freundin auf einen verlassenen Waldweg. Der Motor war noch nicht kalt, als eine Polizeistreife vor uns Halt machte und aufblendete. Heidi winkte den Herren fröhlich zu, um zu zeigen, dass sie superfreiwillig im Wagen saß. Die Streife zog wieder ab. Heidi und ich kamen aus dem Lachen nicht mehr heraus, so lange, bis wir erschöpft waren, und brachen das Unternehmen „Waldweg" ab.

Ja, die Verhältnisse waren ganz okay. In unserer Zeit begannen die Erwachsenen, Jugendliche als eigene Gruppe wahrzunehmen. Es entstanden „Jugendräume" oder gar „Jugendhäuser" zum Tischfußball spielen oder Partys feiern. In dem Dorf, in dem ich groß wurde, diente ein Kellerraum in der Grundschule als „Jugendforum": Mit Kiefernholz verschalte Wände, gespendete Couchgarnituren, eine kräftige Musikanlage. Ich hatte kein Talent, im Höllenlärm einer Disco mit einem Mädchen anzubandeln, aber einem dieser Abende verdankte ich ein musikalisches Erweckungserlebnis: Der DJ legte eine Platte einer noch unbekannten Gruppe, BAP, auf. Der Gesang war zwar deutsch, aber kölsch, also doch nicht deutsch. „Verdampt lang her" beginnt beschaulich langsam, das Tempo steigert sich. Schließlich geht das Lied so richtig ab. Den Text habe ich erst viel später verstanden. Im vollen Jugendforum dampfte die Luft. Headbanging, die bevorzugte Freizeithandlung der Generation „Ally", wurde im Jugendforum Stetten auf den Fildern erfunden.

Die erste Wärme durch Reibung erlebten wir Babyboomer beim Stehblues, der zum Glück auch schon erfunden war. Um einen Stehblues möglich zu machen, wurden Süddeutschland und Österreich flächendeckend mit „Schullandheimen“ übersät – bessere Jugendherbergen, in deren Umgebung Schulklassen zehn Tage wandern oder skifahren durften. Das stinklangweilige Wandern diente dem Kräftesammeln für den nächsten Schwof.

Der weite Weg in die Steiermark, Schlafen im Stockbett über dem blöden Andi, das Heimweh nach Boxerhündin Anka – alles das war vergessen, wenn dir deine Traumpartnerin bei den ersten Klängen von Wishful Thinkings „Hiroshima“ keinen Korb gegeben hat. Und wenn der DJ mit „Questions“ von Manfred Manns Earth Band nachlegte und du die Brust der anderen endgültig an die eigene Brust drücken durftest. Oh Mann, war das ein Gefühl! Leider hatten viele, auch ich, nicht rechtzeitig vorgesorgt. Die anfängliche Erregung in der Hose schlug bei uns Jungs in heftige Schmerzen um. Aber wir fühlten uns sehr erwachsen dabei.

Gelaufen ist bei solchen Reisen noch nichts, um das einmal klar zu sagen. Was den Sex angeht, waren wir Babyboomer Spätstarter. Aber was heißt spät? Die Eltern unserer Generation haben ihre Tochter noch nicht mit 15 zum Frauenarzt geschleppt. Manche erlaubten ihr die Pille erst mit 18 oder später. Und die Jungs bekamen in der Schule noch nicht erklärt, wie man ein Kondom benutzt. Wir Babyboomer wurden vor AIDS und Rita Süßmuth und ihrem Feldzug gegen AIDS groß.

Das Wort „Bumsen“ hörte ich zum ersten Mal in dem Film „Liebe ist nur ein Wort“ nach dem Roman von Johannes Mario Simmel. Ungefähr zeitgleich lernten wir Brüder ein anderes Wort kennen, natürlich auf dem Schulhof. Seither mussten wir bei einer ZDF-Sportsendung mit Reporter Eberhard Figgemeier grinsen.

Später haben die Babyboomer erst lockere, dann feste Beziehungen und damit auch Sex gehabt. Wir haben Sex nicht politisch verstanden. Wir haben nicht einmal darüber geredet. Sex, das gehörte dazu, nicht mehr und nicht weniger.

Wir Babyboomer sind die erste Generation, die von einem Krieg nichts mehr weiß – oder doch fast nichts. Unsere Großeltern haben Hitler-Deutschland als Erwachsene erlebt, unsere Eltern waren damals Kinder oder Jugendliche. Die Fragen an unsere Mütter und Väter: „Habt ihr mitgemacht?“, „Was habt ihr gewusst?“, blieben uns erspart.

Wer trotzdem neugierig war, kam nicht weit. Meine beiden Großväter hatten als Heizer auf Dieselloks angefangen und bildeten sich später zu Lokomotivführern weiter. Im Krieg transportierten sie Soldaten – aber wohin? Und vielleicht nicht nur Soldaten? Den Vater meiner Mutter konnte ich nicht fragen, er war vor meiner Geburt gestorben. Der Vater meines Vaters schwieg darüber. Ich erinnere mich, dass er, wenn die Rede auf die Zeit des Dritten Reiches kam, immer von „früher“ und „beim Hitler“ sprach.

Unsere Eltern wurden in eine politisch schlimme Zeit und in einen Krieg hineingeboren. Bilder, von denen wir Babyboomer keine Vorstellung haben, prägten sich fest in ihrem Bewusstsein ein: Der Klassenkamerad kommt eines Morgens nicht mehr in den Unterricht und keiner weiß, warum; die Mietwohnung oder das eigene Haus stehen nach einem Bombardement in Flammen; Verwandte und Freunde sterben im Bombenhagel.

Meine Mutter erzählte manchmal die Geschichte, wie sich ihre Mutter mit drei Kindern im Arm eines Nachts zwischen zwei Luftschutzkellern entscheiden musste. Nachbarn drängten sie noch, in den größeren zu gehen, sie wählte den anderen. Gemeinsam mit den Kindern hat sie den Angriff überlebt, die Menschen im anderen Keller waren alle tot.

Bei Autofahrten in Stuttgart zeigte mir meine Mutter regelmäßig die Straße, in der die Familie zur Miete gewohnt hatte – bis zu der Nacht, als eine Bombe auf das Haus fiel und meine Mutter, als Kind, heulend vor den Flammen stand.

Ich konnte mir nicht vorstellen, wie die Friedhofstraße bis zu diesem Flammenmeer von 1944 ausgesehen hat. Als Babyboomer kannte ich ja nicht einmal Ruinen – erst später sollte ich die westdeutsche Vorzeige-Ruine, die Kaiser-Wilhelm-Gedächtniskirche in Berlin, besuchen. Aber die wirkte auf mich wie eine Skulptur, ein Kunstwerk, und als der Stadtführer sagte, die Erhaltung der Ruine sei sündhaft teuer, war der erhoffte Lerneffekt vollends weg.

Nein, wir Babyboomer sahen keine Kriegskrüppel, keine Spätheimkehrer und keine Bombentrichter mehr. Die letzten sichtbaren Zeichen, wenige Bunker im Stadtgebiet, sind bunt bemalt und dienen als übergroße Werbeflächen für Bier.

Unsere Eltern zogen uns nicht mit ihren Erinnerungen groß. Sie machten ihre Kindheitserlebnisse mit sich selbst aus. Meine Mutter erzählte selten davon, mein Vater überhaupt nicht. Er hatte in der Kriegszeit bei Verwandten auf dem Land gelebt, weil die Stadt von Bomben bedroht und das Essen knapp war. Aber wo auf dem Land? Und für wie lange? Und wie war es, plötzlich von Eltern und Schwester getrennt zu sein? Mein Vater schwieg darüber, auch vor sich selbst, sein Blick richtete sich nach vorn: Er arbeitete viel, arbeitete sich hoch und machte der Familie etwas Wohlstand möglich.

Wir Babyboomer erfuhren spät, dass die Welt nicht heil ist, und dann auch nicht am eigenen Leib, sondern aus dem Fernsehen. Der Fernseher war für uns Kinder und Jugendliche das erste Fenster zur Welt. Erst in den Generationen danach galt es als schick, mit Baby und Wohnmobil durch die USA zu reisen.

Als die Olympischen Spiele in München begannen, war ich gerade acht geworden. Vielleicht weil verschiedene Wettkämpfe zur selben Zeit auf ARD und ZDF liefen, beschaffte mein Vater neben dem neuen Grundig-Farbfernseher in Holzdekor ein Schwarz-Weiß-Gerät mit Teleskop-Antenne. Die Bildqualität war grauenhaft. Die Olympiade bedeutete den ersten Fernseh-Event meines Lebens, ganze Tage durfte ich schauen und tat es auch. Schon die Eröffnungsfeier bereitete Gänsehaut, etwa als Kurt Edelhagen mit seinem Orchester „Freude schöner Götterfunken" spielte. Zu „Hoch auf dem gelben Wagen" marschierten die deutschen Sportler in das Olympiastadion ein.

Ich fieberte in den nächsten Tagen mit Sportlern, deren Namen ich vorher nie gehört hatte. Ich erkannte sie jeweils an den weißen Leibchen mit roten Streifen und dem Bundesadler in der Mitte. Heide Rosendahl gewann das erste Gold im Weitsprung, Speerwerfer Klaus Wolfermann schlug den Favoriten aus der Sowjetunion, der Teenie Ulrike Meyfarth schaffte eine Hochsprung-Sensation. Das war am Tag vor der Finsternis.

Die Olympiade versetzte mir auch den ersten Schock. Plötzlich wurden Bilder von Sportlern gezeigt, die nach Schüssen verblutet sind, und von maskierten Männern mit Strümpfen oder Wollmützen über dem Kopf. Sie standen am Fenster oder auf dem Balkon eines Hauses mitten im olympischen Dorf, einer gigantischen Betonburg, die jetzt für Sportler aus Israel zu Falle geworden war.

Palästinensische Terroristen hatten sie brutal gekidnappt, um auf die Leiden ihres Volkes hinzuweisen, das zu dieser Zeit keinen Quadratmeter eigenes Land besaß. „Freundliche Spiele" sollte es in München geben, eine friedliche Begegnung der Völker. Sportler erlebten Todesangst, während sich Tausende an diesem warmen Tag im Park des Olympischen Dorfes sonnten. Wer es nicht tat, saß vor dem Fernseher wie ich.

Am späteren Abend, als ich längst im Bett war, nahm die Tragödie ihren Lauf. Nie vergesse ich die Trauerfeier am nächsten Tag, als schlichte Holzsärge, bedeckt mit der israelischen Flagge, auf dem Stadionrasen lagen. Ein alter Mann, der Präsident des Olympischen Komitees, Avery Brundage, sagte die Worte: „The games must go on", die Spiele müssen weitergehen. Doch die Unschuld war weg.

Meine Mutter kaufte jede Woche den „Stern", neben dem Fernseher mein zweites Fenster zur Welt. Das Magazin zeigte Bilder von den beiden ausgebrannten Hubschraubern in Fürstenfeldbruck, in denen die meisten Geiseln gestorben waren. Und Bilder von einem Zimmer im Olympischen Dorf, in dem sie den Tag über neben einem erschossenen Kameraden hatten ausharren müssen.

Heute gibt es unzählige Reportagen, Dokumentationen, einen Kinofilm und sogar einen Roman über das Massaker. Sie alle beschreiben den maskierten Mann auf dem Balkon im olympischen Dorf, und sie erklären ihn doch nicht.

So schlimm das Olympia-Attentat von München war – es blieb für uns Babyboomer ein Fernsehereignis. Über die Bilder schichteten sich spätere, fröhlichere. Dass aber die Eltern plötzlich an Sonntagen nicht Auto fahren durften, betraf den Neunjährigen am eigenen Leib. Wir Babyboomer haben zum Beispiel die „Ölkrise", etwas mehr als ein Jahr später, bewusst erlebt und ebenfalls nicht vergessen. Kein Herbst kann so dunkel sein wie dieser – glaubten wir.

Die Ölscheichs hatten Schuld daran, dass in Deutschland die Lichter ausgingen. Sie gaben uns kein Rohöl und damit kein Benzin mehr. Mehr verstand ich von dem Konflikt noch nicht, nahm aber seine Folgen wahr: In Städten ging am Abend keine Straßenlampe mehr an, Autos stauten sich Hunderte von Metern lang vor Tankstellen. Bisher unbekannte Kunden erhielten 15 bis 20 Liter Benzin, nur für Stammgäste galt „Volltanken".

Spaziergänger machten am Sonntag ein Picknick auf der Autobahn. Fotos davon druckte wie immer der „Stern". Die Menschen wurden sich bewusst, wieviel Landschaft die Autobahnen bereits gefressen hatten.

An manchen Sonntagen durften keine Autos fahren. An manchen Sonntagen durften Autos fahren, deren letzte Ziffer ihres Kennzeichens gerade war, am jeweils nächsten die Autos mit einer ungeraden Zahl.

Meine Eltern, wohlstandsverwöhnt wie so ziemlich alle Westdeutschen zu dieser Zeit, begannen „Energie zu sparen", wie es damals hieß. Mein Vater machte das Licht im Treppenhaus aus, wenn er nach Hause kam. Auf der Treppe stand ja gerade niemand, weshalb das Licht anlassen? Und er klebte Aufkleber auf die Heckscheibe seines Autos, mit der Zahl 100 oder 130. Jedenfalls hat uns die Ölkrise und ihre Folgen für den Alltag ziemlich verstört. Danach wurde alles teuer.

Es dauerte vier Jahre, bis ein weiteres Ereignis in das kollektive Gedächtnis der Babyboomer einging – nicht nur in ihres, aber auch in ihres. Ich war 13 und noch nicht an Politik interessiert. Im Frühjahr wird Generalbundesanwalt Siegfried Buback und sein Fahrer von Terroristen der „Rote-Armee-Fraktion" erschossen. Ich hatte keine Ahnung, was ein Generalbundesanwalt tat, aber das Bild von der mit einem weißen Leintuch bedeckten Leiche, die auf einer Karlsruher Straße lag, setzte sich in meinem Gedächtnis fest. Buback war von einem Motorradfahrer erschossen worden, dessen Maschine entweder am Tatort zurückblieb oder später gefunden wurde, genau weiß ich das nicht mehr. Tage später schaltete die Firma, die diesen Typ von Motorrad baute, eine ganzseitige Anzeige in einer Zeitschrift mit dem Hinweis: Von einer Maschine diesen Typs aus wurde Generalbundesanwalt Siegfried Buback erschossen.

Auch von Hanns Martin Schleyer, dem Präsidenten des Arbeitgeberverbandes, hatte ich vor seiner Entführung im Herbst dieses Jahres nichts gewusst. Aber wie kann man das Foto mit den beiden zusammengeprallten Mercedes – im SEL saßen Schleyer und sein Fahrer, im Strichacht der

Polizeischutz – und dem Kinderwagen und den mit Plastikplanen abgedeckten Leichen vergessen? Die Terroristen hatten die Autos mit dem Kinderwagen, den sie über die Straße schoben, zum Stehen gebracht.

Schleyer wurde zunächst nicht ermordet, sondern entführt. Die Kidnapper nutzten das neue, technisch nicht ausgereifte Medium Video, um die Öffentlichkeit auf ihre Tat und ihre Ziele aufmerksam zu machen: Sie setzten ihre Beute vor eine Schwarz-Weiß-Kamera und hielten deren Hilferufe auf einem frühen Rekorder fest. Die mal wackeligen, mal springenden, aber immer erschütternden Bilder waren abends in der „Heute“-Sendung und in der „Tagesschau“ zu sehen.

Bei den israelischen Sportlern konnte man allenfalls ahnen, welche Tortur ihnen an diesem September-Tag 1972 widerfahren war. Die Kidnapper von Schleyer dagegen ließen uns am Leiden ihres Opfers teilhaben, und dies über Wochen. „Ich frage mich in meiner jetzigen Situation wirklich: Muss denn noch etwas geschehen, damit Bonn endlich eine Entscheidung trifft?“, sagte Hanns Martin Schleyer auf einem der Bänder. Ich werde es nie vergessen.

Eine Lähmung legte sich über das Land. Die Lähmung der Politik übertrug sich auf die Menschen, die sie regieren sollte. Die Politik wollte Schleyer retten, ohne Terroristen freizulassen, was seine Kidnapper gefordert hatten. Dazu musste „Bonn“ die Täter finden. Einmal klingelte ein Polizist sogar an ihrer Tür. Er ging einem Hinweis nach. Ein Terrorist, der gerade zufällig allein war, öffnete ihm. Der Terrorist nutzte seine Chance, sich zu stellen und Schleyer freizugeben, nicht. Der Polizist nahm nichts Verdächtiges wahr und ging wieder. Aber das erfuhren wir erst viel später.

Ich erinnere mich daran, was die Erwachsenen um mich herum zu dieser Zeit gedacht und gesagt haben: Schleyer, der Mann auf den Schwarz-Weiß-Videos, war ein Todgeweihter. Die Politiker wussten es und sagten es nicht. Das konnte ich verstehen.

Aus der Lähmung wurde eine Starre, als Palästinenser, wieder Palästinenser wie in München, eine Lufthansa-Maschine mit deutschen Urlaubern kaperten, um die Forderung der deutschen Terroristen zu bekräftigen. Jetzt ging es nicht mehr nur um eines, sondern um einige Dutzend Menschenleben. In einem Bürgerkrieg ist das nichts, aber die Westdeutschen hatten „Krieg“ jahrzehntelang nicht mehr erlebt.

Mir wurde erstmals bewusst, wie lang eine Stunde sein kann – etwa die Stunde, seit der ein Ultimatum abgelaufen ist und aus der Maschine „Landshut“ kein Mucks nach außen dringt. Wir saßen gebannt an Radio und Fernseher wie nie mehr vorher und nie mehr danach. In Aden – ich hätte nicht gewusst, wo diese Stadt auf der Landkarte liegt – wird der ermordete Flugkapitän über eine Rutsche aus der Maschine befördert. Der Co-Pilot fliegt die „Landshut“ nach Mogadischu, wo sie ebenfalls mutterseelenallein in sengender Hitze auf einem Flugfeld steht, nur über Funkkontakt mit dem Tower verbunden. Die „Tagesschau“ zeigt Bilder von Angehörigen der Geiseln, auch Kindern, die vor dem Bundeskanzleramt in Bonn Plakate hochhalten: „Gib mir Mama zurück“ oder so ähnlich.

Bonn glich in diesen Tagen einer Festung: Panzerwagen patroullierten auf den Straßen, die Republik schickte alle ihre Polizisten auf die Straße. Wir heranwachsende Babyboomer nahmen die Finsternis dieser Wochen bewusst wahr. Plötzlich sahen wir das Fahndungsplakat auf dem Postamt, das schlecht gekämmte, auch schlecht fotografierte Köpfe zeigte, mit anderen Augen. Unter den Fotos stand die Warnung, dass die Terroristen von Schusswaffen Gebrauch machten. Eine Belehrung in dieser Beamtensprache fand ich lustig – als ob ich einen Mann, den ich als Terroristen erkannt hatte, am Arm einhaken und zum nächsten Polizeiposten bringen wollte.

Alle paar Monate, nach einer Festnahme, wurde ein Foto

mit einem Kreuz durchgestrichen. Das sah aus, als habe man jetzt diese Frauen und Männer abgeschossen wie ein Tier.

In den ersten Tagen nach Schleyers Entführung gab es zu Hause oder im Verein noch andere Themen, über die gesprochen wurde, danach nicht mehr. „Gesprochen" ist vielleicht das falsche Wort; denn wir hatten – schon wegen der von der Regierung Helmut Schmidt verhängten Nachrichtensperre – gar nichts zu reden; es blieb nur das ohnmächtige Warten und später, als auch noch die Mallorca-Urlauber entführt wurden, Hoffen und Beten. Kurz vor dem Ende waren die Deutschen zermürbt. Und auf alles gefasst. Die Befreiungsaktion von Mogadischu hätte schiefgehen können. Sie ging gut aus. Ich erfuhr es am nächsten Morgen aus dem Radio – wieder und wieder wurde die Erklärung von Regierungssprecher Klaus Bölling, die er nach Mitternacht in hörbarer Erleichterung abgab, gesendet: „Alle Geiseln sind frei."

In dieser Nacht brachten sich die gefährlichsten der inhaftierten Terroristen in ihren Zellen um. Ihre letzte Hoffnung, über einen Austausch freizukommen, hatte sich als irrig erwiesen. Mit der Wahl dieses Todeszeitpunktes stilisierten sie sich zu Märtyrern.

Kein Mensch konnte sich zunächst erklären, wie sie im Hochsicherheitstrakt von Stuttgart-Stammheim zu Waffen gekommen waren. Der Staat hat über den Terrorismus gesiegt und doch auch versagt.

Am Abend danach wandte sich Bundespräsident Walter Scheel über das Fernsehen an die Schleyer-Entführer. Er bat sie, den unschuldigen Mann freizulassen. Nicht einmal ich, der ich dreizehn war, glaubte daran. Niemand glaubte daran. Kurz darauf lag Hanns Martin Schleyer tot im Kofferraum eines grünen Audi 100.

Mich hat das so berührt, dass ich die Trauerrede von Bundespräsident Scheel mit meinem Kassetten-Rekorder aufgenommen habe. Ich hörte sie mir danach immer wieder an. So kam ich allmählich mit der Erfahrung des „schwarzen Herbstes“ klar. Und mit der Erfahrung, dass die Welt nicht heil war.

Kürzlich hat eine Autorin die siebziger Jahre 1968 mit dem Attentat auf den Studentenführer Rudi Dutschke beginnen und 1977 mit dem Sturm auf die Lufthansa-Maschine „Landshut“ enden lassen. Ob der Anfang stimmt, weiß ich nicht, wir Babyboomer waren erst im Kindesalter. Aber dass der Herbst 1977 einen Bruch bedeutete, glaube ich auch. Hinterher war nichts mehr wie zuvor.

Dass die Mauer fiel, hat auch uns Babyboomer überrascht. Seither müssen wir einen „Solidaritätszuschlag“ zahlen, mit unseren Lebensabschnittspartnern das Goethe-Haus in Weimar besuchen und Gregor Gysi im Fernsehen anschauen. Dabei hatte sich unser Leben ohne die DDR, pardon: die neuen Länder, so gut entwickelt!

Okay, die neue Deutschlandkarte in der „Tagesschau“ stellt mehr dar als die, mit der wir großgeworden sind: die mit der schraffierten Ostzone bis kurz vor Fulda und dem Berlin-Inselchen darin. Aber wir Babyboomer hatten uns, weil wir nichts anderes kannten und nichts anderes erwarten konnten, mit zwei Staaten in Deutschland eingerichtet.

Wo die DDR auf der Landkarte lag, wussten wir, aber was sie war – keine Ahnung. Aus dem Fernsehen erfuhren wir: Dort beginnt der Ostblock und es gibt keine Bananen und die Sportler tragen zwischen den Wettkämpfen dunkelblaue Trainingsanzüge. Bei internationalen Wettkämpfen steht auf der Anzeigentafel GER für die Bundesrepublik Deutschland und GDR für die Deutsche Demokratische Republik.

Die Politiker in der DDR nannten ihr Land „Deutsche Demokratische Republik“. Aber das erfuhren wir Babyboomer erst später. Das sagte hierzulande niemand, sondern nur DDR, während keiner von der BRD sprach. Nur in der Deutschen Demokratischen, pardon: der DDR hieß es, die Bundesrepublik Deutschland sei die BRD.

Die Sportler aus GDR waren ziemlich gut. Leider schauten sie immer etwas verkniffen drein.

Die DDR war Ausland für uns. Dunkles Ausland. Je näher wir an der Zonengrenze entlangfuhren, desto mehr ging uns die Pumpe.

Aber auch wir Babyboomer wollten Berlin sehen, bei

einer Klassenfahrt oder, als der Führerschein erschwitzt war, auf eigene Faust.

In meinem halben Auto, dem hellblauen Opel Rekord C, machten sich Jürgen und ich in die halbe Stadt auf. Wir fuhren die „Transit“, was so ähnlich klang wie Weltall und eine Reise zu einer anderen Milchstraße. Auf zwei der Raststätten entlang der Transitstrecke durften keine Autos, nur Lastwagen halten. Ich hatte mir das falsch gemerkt und machte genau an einem dieser Plätze Halt. Ein kleines Wunder, dass wir nicht erwischt wurden.

Vorher und nachher hoppelte mein Rekord über die Autobahnplatten, die noch Hitler persönlich verlegt haben musste. Angeblich gab die BRD, pardon: Bundesrepublik Deutschland Geld zur Reparatur hinzu, aber diese Summe muss mit der Pflege der Grünstreifen rechts und links von der Strecke aufgebraucht gewesen sein. Zwischen diesen Sträuchern und Gräsern wuchsen gelegentlich Autos der Volkspolizei, über die sich im Laufe der Zeit Tarnnetze, mit denen man eigentlich Panzer schmückt, gelegt hatten. Diese naturnahe Gestaltung einer Radarfalle war für die damalige Zeit innovativ.

In Berlin (West) angekommen, spulten wir Babyboomer das Berlin-Programm für Babyboomer ab: KaDeWe, Rundumblick auf irgendeiner Kirche, Kurfürstendamm, Aussichtsplattform an der Mauer, das Brandenburger Tor in Blicknähe. Für uns Babyboomer war dort schon alles betoniert und weiß gestrichen. Nicht das Gesehene machte Eindruck auf mich – die Mauer und die Panzersperren und die Quadriga wirkten wie eine von der großen Politik geformte Skulptur, ein Kunstwerk, eine Baedeker-Sehenswürdigkeit, deren Entstehen wir nicht mitbekommen, geschweige denn verschuldet haben, und deren Abbau wir nicht mehr erleben würden.

Das Künstliche, Widersinnige an diesem Ensemble vermittelte sich mir über die Stille, das es verbreitete. Du kommst aus einer lärmenden Stadt, nur ein, zwei S-Bahn-Stationen entfernt, und weißt, nach diesem toten Betonfeld beginnt wieder eine lärmende Stadt, nur wenige Gehminuten von hier. Aber hier ist erst einmal Schweigen.

Berührt hat mich auch die Fahrt durch verrammelte, lichtlose, verdreckte U-Bahn-Stationen auf Ostberliner Gebiet. Für die Nachgeborenen der Babyboomer: Berlin (Ost) erlaubte Berlin (West) die Fahrt auf dem alten U-Bahnnetz, wenn die Gleise auf das Gebiet in Berlin (West) zurückführten. In den Stationen von Berlin (Ost) durften Züge aus Berlin (West) natürlich nicht halten.

Mit einer Ausnahme, der Station Bahnhof Friedrichsstraße. Wer ein echter Babyboomer ist, hat sich die Passkontrolle und den Besuch in Berlin (Ost) mindestens einmal angetan. Die DDR begann mit Plastik Buche Dekor, in diesem hübschen Ton waren die Kabinen der Grenzpolizei gehalten. Die Polizisten erkannten uns an der pubertätswilden Frisur und den mit Clerasil Hautklärer zurückgedrängten Pickeln. Wir Babyboomer waren damals schon Melkkühe, denn der Eintritt in die DDR kostete satte 20 Mark, für die wir 20 Mark (Ost) bekamen, Spielgeld, das nur im Vergnügungspark DDR gültig war. Das half uns aber auch, den Vergnügungstag zu planen, denn die nächsten Stunden waren wir damit beschäftigt, dieses Geld loszuwerden. Am Schluss blieben ein paar Münzen übrig, gestanzt aus billigem Blech, das wir entweder in unser Foto-Album mit Berlin-Bildern einklebten oder in den Schlitz eines westdeutschen Boxautos steckten, um eine Freifahrt im Autoskooter zu erschwindeln.

Bei einem kurzen Spaziergang machten wir uns mit der Seele dieses Millionen-Stadtteils vertraut. Danach begann auch schon das Zwangsumtausch-Abbauprogramm: Wir kauften Papierblöcke und Schulhefte von miserabler Qualität und stöberten im Buchladen, wo uns die gesammelten Werke von Marx und Engels willkommen hießen (in einer aufwendigen blauen Lederausgabe). Wir hielten es lieber mit Romanen von Heinrich Mann, und das in der Zuversicht, diese Bücher niemals lesen zu wollen.

Weiter ging es auf die Aussichtsplattform des Fernsehturms und in den Berliner Dom. An der Eintrittskasse saß ein blondes Mädchen, das für mich zum schönsten Gesicht des Sozialismus wurde (obwohl Kati Witt auch gut aussieht), und wegen der es eigentlich schade war, nicht mal öfter herzukommen. Udo Lindenbergs Stück „Mädchen aus Ostberlin" hörte ich seither mit anderen Ohren.

Aus dem Träumen half mir dann die Kellnerin eines sozialistischen Lokals, die uns nach langem Herumstehen an einen schlechten Tisch setzte und erst mit der Bestellung, dann mit dem Essen selbst warten ließ. Vielleicht hatte sie den geheimen Auftrag, den Klassenfeind möglichst lange zu verwahren, auf dass er während seines Besuches niemanden anspricht und sich schon gar nicht verliebt.

Vor dem Essen brachte die Dame ein kleines Glas DDR-Cola, die immerhin wie eine BRD-Cola aussah. Der Anteil an Seife und Wasser erschien mir allerdings deutlich zu hoch.

Schließlich langte es noch zu einer Stadtrundfahrt im Bus. Der – wie er sich selbst nicht nannte – „City-Guide" erklärte die sieben Jahre Wartezeit auf einen Trabi mit „Engpässen in der Automobilproduktion". Dafür war eine Frau in der DDR vollständig in das Berufsleben integriert (sprich die Kinder kamen schon frühmorgens in andere Hände) und der Staat stellte jungen Familien eine Wohnung und einen Kredit bereit. Der wurde bei weiteren Babys „abgekindert", über Nachwuchs teilweise erlassen. Vielleicht war ich doch auf der falschen Seite der Mauer geboren? „Abgekindert" sagte unser Stadtführer aber nicht. Am Ende nahm er dankend Trinkgeld in Mark (West) an.

Ich kenne keinen Babyboomer, der bis zum späten Abend, also bis zum erlaubten Limit, in Berlin (Ost) geblieben ist. Dieser Staat hat uns abgezockt und ansonsten gleich wieder loswerden wollen. Von den Menschen in diesem Land erfuhren wir nichts. Das Verlassen der DDR am Bahnhof Friedrichsstraße dauerte halb so lang wie die Einreise. Aber wir waren immerhin dort gewesen. Und haben fast alle dasselbe erlebt.

Irgendeiner wartet immer

Nein, liebe Leserinnen, das wird kein Ach-was-waren-wir-doch-für-tolle-Hechte-Kapitel. Ich versuche, bei der Beschreibung einer Babyboomer-Bundeswehr-Zeit nicht zu übertreiben und schon gar nicht zu schwindeln. Für beide Schwächen sind wir Babyboomer anfällig. Aber wir mussten auch noch 15 oder 18 Monate unseres Lebens in Uniform stehen, anders als die Generationen Golf oder Ally, und bei uns gab es auch keine Möglichkeit sich zu drücken. Es herrschte „Kalter Krieg“, die Militärblöcke versuchten sich noch mit Soldaten gegenseitig einzuschüchtern. Heute braucht es keine Soldaten mehr, nur noch Raketen. Spätestens 2015 haben wir die kleine, schicke Berufsarmee, das sage ich voraus. Schon heute, in der Schlussphase der allgemeinen Wehrpflicht, zeigt das Sieb große Löcher.

Wehr- oder Zivildienst – auf diese Frage mussten auch wir Babyboomer eine Antwort geben. Alten Leuten den Po abwischen oder, ein halbes Jahr kürzer, Panzer fahren und Waffen putzen? Die meisten Babyboomer entschieden sich für das Zweite, nicht aus politischer Überzeugung, sondern aus Bequemlichkeit. Weshalb sollte unsere Generation mehr Gesinnungstäter hervorbringen als andere? Noch wichtiger war, dass keiner von uns an einen „Ernstfall“ glaubte. Keine Supermacht konnte es wagen, einen räumlich begrenzten Krieg zu führen. Uns erwartete also 15 Monate Drill, Herumsitzen und im besten Fall ein Führerschein für Lastwagen (den wir den Rest unseres Lebens nicht mehr brauchen würden).

Mein Einmarsch in die Kaserne wurde, anders als bei Elvis Presley, von keiner jubelnden Menge begleitet und von keiner Fernsehkamera festgehalten. Ziel war eine Vier-Mann-Stube mit zwei Stockwerkbetten. Als ich das Zimmer betrat, dachte ich: „Das ist ja wie im Hotel!“ Kein Zweifel, meine Kampfmoral musste noch entwickelt werden.

Die erste Uniform meines Lebens war ein dunkelblauer Trainingsanzug, noch dunkler als die der GDR/DDR-Sportler im Farbfernsehen. Ich bekam auch „Leibchen", wie man das nannte, weiße Unterhemden, nicht gerippt, mit einem aufgenähten Bundesadler. Der erinnerte mich an den Nachbarn aus der Jugend, der seinen Bierbauch zur Entlastung gegen die Balkonbrüstung gelehnt hatte.

Freunde hatten mich gewarnt: Der „Stubendurchgang" am Freitag nachmittag macht dich zu einem ordentlichen Menschen. Die Unteroffiziere werden in deine Vier-Bett-Stube kommen, ihren linken Zeigefinger anfeuchten, damit über die vordere Oberkante deines Schranks (im Bundeswehrdeutsch Spind) fahren, dir den Finger entgegenstrecken, den Staub in dein Gesicht pusten und fragen: „Sehen Sie mich noch?"

An den ersten Freitagen der sogenannten Grundausbildung gehörte zufällig der „Stubendurchgang" zu den besonderen Nervenkitzeln. Der für mich zuständige Unteroffizier kam in meine Vier-Bett-Stube, feuchtete seinen linken Zeigefinger an, fuhr damit über die vordere Kante meines Schranks (im Bundeswehrdeutsch Spind), streckte mir den Finger entgegen, pustete den Staub in mein Gesicht und fragte: „Sehen Sie mich noch?"

Solch inhumane Handlungen täuschen leicht darüber hinweg, dass wir Babyboomer der glücklichsten Bundeswehr aller Zeiten angehört haben. Nicht nur, dass die Truppe keine Aussicht darauf hatte, das Gelernte jemals anzuwenden – „Auslandseinsätze" waren noch nicht erfunden. Wir haben es uns auf der Demarkationslinie zwischen zwei Militärblöcken schlichtweg gemütlich gemacht. Das war möglich, weil wir nichts weniger und nichts mehr tun mussten als dazusein.

Als die Babyboomer massenweise in westdeutsche Kasernen einrückten, hatte die Bundeswehr ihre Flegeljahre bereits hinter sich. Die Wehrmachts-Offiziere der ersten Stunde waren in Pension, Erlasse und Verordnungen machten unsere Vorgesetzten zahm.

Ich habe unseren „Spieß", den Feldwebel der Kompanie, die Ersatz-Mutter für leidende Gefreiten-Herzen, nur ein einziges Mal schreien hören: Als er mit uns ein Marschlied einstudieren wollte und wir unsere Münder nicht aufbrachten.

Auch mit fortgeschrittener Grundausbildung blieb ich – wie die meisten Babyboomer – ziemlich kampfunfähig. Den ersten und einzigen Wachdienst meines Lebens – vier Stunden Streife, vier Stunden Schlaf im Wechsel über 24 Stunden hinweg – erlebte ich als Tortur. Ich war ein Weichei wie die meisten anderen Rekruten auch.

Nach der Grundausbildung begann die eigentliche „Verwendung", wie es auch wieder in der Bundeswehr-Sprache hieß. Eigentlich sollte ich in einer Schreibstube arbeiten und dort für den General im Haus die morgendliche Pressemappe zusammenstellen. Damals hieß das noch, die Zeitungsartikel über Militärthemen dieses Tages auszuschneiden und auf weiße Blätter zu kleben.

Sogar „Derrick" hatte ein moderneres Büro als wir. Und weißes Papier. Wir durften nur die Rückseite alter, auf DIN-A4-Format geschnittene Kartenblätter verwenden. Die Schreibmaschinen funktionierten aber schon mit elektrischem Strom. Es gab eine zentrale Kopierstelle in der Kaserne, jedes kopierte Blatt musste auf einer Liste protokolliert werden.

Wir Babyboomer wuchsen ohne PC, Fax-Gerät, Scanner, Handy und mobilen Organizern auf. Der Gegner im Osten aber auch, und so herrschte wieder Gleichstand.

Aus der „ruhigen Kugel" auf der Schreibstube wurde nichts – um Personal zu sparen, mussten Büroumzüge von Wehrpflichtigen erledigt werden. In einer großen Kaserne waren Büroumzüge häufig. In unseren grünen Uniformen, mit Kampfstiefeln an den Füßen und Erkennungsmarke (für den Fall des „Ablebens“ im Kampf!) in der Brusttasche, trugen wir Schreibtische und Holzschränke hin und her. Hilfsmittel gab es nicht, allenfalls den Arzt, der uns wegen einer Blase „fußkrank“ schrieb.

Ich habe bei der Bundeswehr zu schleppen gelernt. Die anderen Babyboomer auch. Sie schleppten Rucksäcke, Zelte oder, wenn es am Abend vorher etwas spät geworden war, sich selbst. Und seit meinem Wehrdienst weiß ich, dass Charles Bronson ein Philosoph gewesen ist. Ganz am Schluss des Sergio-Leone-Films „Spiel mir das Lied vom Tod“ sagt er: „Irgendeiner wartet immer.“

Wir haben immer gewartet. Auf einen Schlüssel, der gerade fehlte, einen Kleinlaster, mit dem der Feldwebel unterwegs war. Auf Freitag, 15.00 Uhr. Dann brachten wir Mutter die Wäsche, fuhren zur Freundin oder zu Freunden und gingen „Abtanzen“.

Am Montag früh war wieder Antreten auf dem Kasernen-Hof angesagt. Der Spieß kontrollierte bei jedem von uns die Bügelfalte am Oberschenkel. Wer keine hatte, bekam „Sonderdienste“ aufgebrummt. Das war schrecklich. Schließlich hatten wir schon die Freizeit der nächsten drei Monate genau verplant. Wer pünktlich und mit Bügelfalte erschien, wurde in dieser Armee Gefreiter und Obergefreiter.

Die Bundeswehr, wie wir Babyboomer sie vorfanden, war die harmloseste aller Zeiten.

In der Schule hatte ich noch gehört: „Nicht für die Schule, für das Leben lernen wir.“ Danach musste ich immerhin entscheiden, ob ich zum „Bund“ gehen oder „Zivi“ machen wollte. Das fiel aber nicht schwer, weil ich kein besonders moralischer Mensch war. Aber jetzt, da ich hörte: „Hauptsache, es gibt dich, so wie es einige hunderttausend weitere Soldaten gibt“, kam ich doch ins Grübeln. Weshalb bin ich hier und weshalb soll ich hier das tun, was ich tue? Diese zwei Fragen stellte ich in einem Artikel, der zu meiner Überraschung in zwei Bundeswehrzeitschriften abgedruckt wurde. Leserbrief-Schreiber reagierten begeistert bis empört. Manche stimmten mir zu, andere erklärten mich zu einer Heulsuse.

Der Artikel hatte den ganz praktischen Erfolg, dass ich zwei Tage weniger Büromöbel schleppen musste. An diesen Tagen wollte ein Bundeswehr-Psychologe am „Zentrum Innere Führung" in Koblenz meiner Seele auf den Grund gehen. Wie ist einer gestrickt, der solche Fragen stellt, und wie kann er für die Bundeswehr nützlich sein? Der Psychologe und ich wurden persönlich Freunde, aber einen Nutzen haben wir für mich nicht gefunden.

Erst im letzten halben Jahr meiner Wehrdienst-Zeit ertrug ich das Landleben zwischen Kaserne und Übungsplätzen mit der Heiterkeit, zu der meine Vorgesetzten längst gefunden hatten. Zum Beispiel der Hauptmann, der beim Ausbruch eines NATO-Alarms ungerührt am Schreibtisch sitzen blieb, allerdings seine Frau anrief und sagte: „Liebling, wir sind auf „active edge", ich komme heute etwas später."

Als mein „Spieß" Geburtstag hatte, erschien ich zum Antreten mit meiner Gitarre, die ich im Kofferraum meines Wagens in die Kaserne geschmuggelt hatte. Ich spielte dem Mann ein Ständchen. Ich glaube, er spürte, dass ich ihm eine Freude machen und zugleich zeigen wollte, wie wenig Respekt ich vor dem System hatte, für das er stand.

Ohne es zu ahnen, durchschlug mein Geburtstagslied eine Stille vor dem Sturm. Plötzlich tauchte doch ein Gegner auf, aber er trug keinen grünen Stahlhelm, sondern ein lila Tuch um den Hals.

Gemeinsam begannen mein Spieß und ich zu zittern.

Endzeitstimmung

Am 24. April 1982 gewinnt Nicole, Jahrgang 1964, mit dem Lied „Ein bisschen Frieden“ den Grand Prix d’Eurovision de la Chanson. Jetzt sind wir noch nicht Papst, aber immerhin dem Schlagerhimmel nahe. Wie sie da sitzt mit guter Schwiegertochter-Miene, die weißlackierte Gitarre zupft und ihre Friedenssehnsucht in die Kamera singt. Wie ihr Drei-Wetter-Taft-Haar im Fernsehlicht funkelt und das Publikum applaudiert, als sie plötzlich in Englisch singt, weil der Friede eine Sache der ganzen Welt ist – da erkannte auch ich, dass Nicole, die Friedensbotin, Marmor, Stein und Eisen bricht.

So wie Nicole dachten auch ein paar andere, doch die hatten nicht gesungen, sondern geschwiegen. Sie standen einfach da und schwiegen. Ich erinnere mich, dass ich zur Bundeswehr-Zeit an einem Samstag Dienst mit der Waffe tun musste, wobei mich der verlorene Samstag mehr nervte als das – natürlich mit Platzpatronen bestückte – Gewehr G3 in der Hand. Ein Musketier trägt schließlich auch einen Degen. Mein Auftrag lautete, die Kaserne vor Übergriffen zu schützen. Die gingen von einer sogenannten Menschenkette aus, einer Gruppe händchenhaltender Demonstranten, die das Kasernengebäude nichts weniger als umzingelten, und auf deren Plakaten stand: „Frieden schaffen ohne Waffen!“ Zusätzlich fiel mir auf, dass es unter den Friedensbewegten hübsche Mädchen und Frauen gab, die leider figurverbergende, sicher selbstgestrickte Pullover trugen.

An dem Platz, wo ich einen schönen Frauenkörper vermutete, befanden sich Blechschilder mit Sätzen wie „Atomkraft nein danke“ und „Nie wieder Krieg“. Diese Demonstranten waren ja lustig! Redeten vom Frieden, während ich doch Lebenszeit und Muskelschmerz hergab, um ihn zu sichern. Jedenfalls behauptete das der Bundesverteidigungsminister, der für die Babyboomer-Jahrgänge zunächst Hans Apel, später Manfred Wörner hieß.

Apel und Wörner gehörten zwar unterschiedlichen Parteien an, aber beide ließen sich, um ihre Liebe zum Amt zu zeigen, auf Panzern, mit einem Fernglas in der Hand, fotografieren. Als ich beim „Bund" war, kümmerte sich Wörner um meine Moral. Er schrieb mir, ich glaube zweimal die Woche, in einem Faltblatt, das auf meinem Stubengang ausgelegt wurde. So war ich zwar nicht gegen die schönen Frauen aus der Menschenkette immunisiert, aber doch gegen die merkwürdigen Gedanken, die sie beim Date loswerden würden.

Zu den glückhaften Zufällen meines Lebens gehört, dass Babyboomer zwar der „Friedensbewegung" angehören, aber sie nicht begründet haben. Dafür waren wir zu jung. Aber dieses Denken hat einige von uns erfasst und schaffte es, ihr Leben zu verändern.

Ich hätte es voraussehen müssen. Während meiner Schulzeit bekamen wir an einem Vormittag frei, um einen Vortrag anzuhören – ein Autor stellte sein Buch über „Soziale Verteidigung" vor. Er war der Meinung, der Westen sollte total abrüsten und für den Fall, dass die Russen kommen, passiven Widerstand leisten, so wie es Mahatma Gandhi einst die Inder gelehrt hatte. Die Briten hatten Indien verlassen, die Russen würden auch Westdeutschland wieder räumen. Soziale Verteidigung, ganz ohne Waffen. Die ersten hundert Verweigerer würden erschossen (was der Buchautor natürlich nicht sagte), danach musste die Moral der Angreifer zusammenbrechen.

Auf die meisten Zuhörer machte die Theorie einen starken Eindruck. Sie kauften das Buch und legten es zu Hause auf den Stapel der anderen Bücher, die sie auch noch lesen wollten.

Für uns Babyboomer war die Debatte um die „Nachrüstung" das erste politische Großerlebnis. Bundeskanzler Helmut Schmidt hatte weitere Mittelstreckenwaffen für Westeuropa gefordert für den Fall, dass die Sowjetunion ihre Überzahl auf diesem Feld nicht abbaut. Schmidt konnte nicht ahnen, dass sich an dieser gesamtstrategisch eher unwichtigen Frage ein neues, seit Anfang der siebziger Jahre wachsendes Bewusstsein verfing – das Bewusstsein, dass mit irrsinnigen Entwicklungen wie dieser endlich Schluss sein musste.

Eine Umweltbewegung verlangte mehr Schonung für den Planeten Erde. Eine Frauenbewegung forderte die tatsächliche Gleichstellung von Frau und Mann. Schwule und Lesben bemühten sich erstmals öffentlich um ihre gesellschaftliche Anerkennung. Die „Atomkraft nein danke"-Bewegung warnte vor Gefahren der Kernenergie. Und jetzt rief die Regierung Schmidt auch noch nach neuen Waffen! Viele Menschen waren das Wettrüsten über ihre Köpfe hinweg leid.

Die Welt schien aus den Fugen. In meiner Schule tauchte ein sogenannter „Jugendoffizier" auf, um alles zu erklären, doch er wurde ausgebuht. Kein Tag verging, an dem man nicht irgendeine Podiumsdiskussion besuchen konnte. Vier Disputanten, darunter immer eine Frau mit Doppelnamen, wetterten gegen eine „Nachrüstung", ein Teilnehmer sprach sich dafür aus. Das war meistens der Vorsitzende des Ausschusses Sicherheitspolitik des Kreisverbandes Sowieso der Christlich Demokratischen Union (CDU).

Wir Babyboomer mussten uns zu dieser Verrohung der politischen Kultur irgendwie stellen. Die Podiumsdiskussion mag noch angehen, aber was ist mit der Demo am Samstag vor dem Kreiswehrersatzamt, das die kommenden Soldaten mustert? Oder mit dem Open-air-Konzert von BAP und den Bots („Alle Menschen, die ein besseres Leben wünschen, sollen aufstehen") im Stadion? Gehe ich in das Konzert der Gruppe „Gewitterwolke" oder in den Kinofilm „The day after", der uns von der Welt nach einem Atomschlag erzählt, oder halte ich es mit dem Spielfilm heute abend im ZDF, dem Peter-Alexander-Thriller „Hurra, die Schule brennt!" Da gibt es auch ein Feuer.

Einmal führte eine Menschenkette von Stuttgart nach Ulm, Bilder aus dem Hubschrauber gaben in der „Tagesschau" einen Eindruck von ihrer Länge. Auf Kirchentagen stritten Christen darüber, ob ein Ja zu Mittelstreckenwaffen mit dem Glauben vereinbar ist. Nena glückte mit „99 Luftballons" der erfolgreichste deutsche Schlager seit 100 Jahren. Heinrich Böll setzte sich vor dem Raketendepot im schwäbischen Mutlangen ins Gras und diskutierte mit Polizisten. Ein amerikanischer Offizier wurde von einem deutschen Politiker mit Tomatensaft bespritzt. Helmut Schmidt, jetzt schon im unerwarteten, aber selbst verschuldeten Ruhestand, warnte die „Friedensbewegung" vor Angstmacherei. So jung, wie wir waren, hat uns diese Zeit mehr geprägt als später der Fall der Mauer.

Ein großer, breiter und tiefer Mann, Helmut Kohl, musste kommen, um die Gemüter zu beruhigen. Mit seiner neu gebildeten Regierungsmehrheit ging die Stationierung der Raketen im Parlament durch. Doch der Geist einer neuen Zeit war aus der Flasche. Die Politik musste ihm – ganz wörtlich – Platz machen.

Im Frühjahr 1983 betraten eine Handvoll Leute mit Blumentöpfen in der Hand den Plenarsaal des Deutschen Bundestages. Die Damen und Herren waren schlecht angezogen, sicher ein knittriger Öko-Stoff, die Männer hatten ihre Schlipse vergessen. Jetzt saßen die Grünen also auch im Parlament. Petra Kelly hatte immer einen sehr ernsten Gesichtsausdruck.

Wir Babyboomer sind die letzte Generation, die noch stabile politische Verhältnisse erlebt hat. Drei Parteien im Bundestag, davon eine mal mit der einen, mal mit der anderen verbunden, eben immer das Fähnchen im Wind – das konnten wir noch überschauen. Jetzt wurde alles unübersichtlich.

Frühe Babyboomer haben noch eine Erinnerung an das Kopfschütteln von Rainer Barzel, dem Vorsitzenden der CDU/CSU-Bundestagsfraktion, Sekunden nach dem Scheitern seines konstruktiven Misstrauensvotums. An diesem April-Tag 1972 hatte er versucht, Bundeskanzler Willy Brandt zu stürzen, um mit einer als sicher geglaubten Mehrheit selbst in das Amt zu kommen. Barzels Kopfschütteln ging einher mit dem Staunen von Willy Brandt. Der unverhoffte Sieg machte ihn völlig regungslos. Erst langsam wich die Starre einer ungläubigen Freude.

Ich erinnere mich auch an den Tag, als Willy Brandt zurückgetreten ist. Es war eine dieser Nachrichten, deren Inhalt ich noch nicht erfassen konnte, deren Bedeutung sich aber transportierte, sei es über den betroffenen Ton des Radiosprechers, sei es über die Reaktion von Erwachsenen in meiner Nähe.

An diesem Mittag im Mai 1974 saß ich zusammen mit meiner Mutter und einem der Brüder in der Küche und hörte Radio. Es war ein Nordmende Galaxy, Dekor Palisander. Der Nachrichtensprecher sagte, Bundeskanzler Willy Brandt sei zurückgetreten, worauf meine Mutter erschrak. Ich glaube, sie hat Brandt nie gewählt, aber ihr Gesichtsausdruck verriet, dass etwas Unerwartetes passiert war. Auf Willy Brandt folgte Helmut Schmidt, der – so einige Erwachsene aus dem Tennisclub Stetten auf den Fildern – ein guter Mann war, aber leider das falsche Parteibuch hatte. Helmut Schmidt wurde, ob wir es wollten oder nicht, zum Bundeskanzler der Babyboomer.

Vorher hatte ich selbst noch versucht, Schmidt zu stürzen. Anlass gaben einige Lehrer, die sich im Bundestagswahlkampf 1980 für eine Wiederwahl von Helmut Schmidt stark machten. Das war vor uns Schülern völlig überflüssig, wir durften ja noch nicht wählen, aber es mobilisierte mein Mitleid für Schmidts Gegenkandidaten, Franz Josef Strauß. Mich störte, dass Strauß vor Fernsehkameras heftig schwitzte und bayerisch sprach, diesen rohen vordeutschen Dialekt, aber so konnte es auch nicht gehen, dass Lehrer ihren Schülern eine politische Meinung aufdrückten! Ich wusste dank Bernt Engelmanns „Schwarzbuch" von Franz Josef Strauß' Schandtaten, aber auf dem Wahlplakat wirkte er gereift und manierlich. Meine Franz-Josef-Strauß-Aufkleber auf der Schultasche kamen bei meinen Lehrern nicht gut an. Sie drückten jeweils meine mündliche Note, also die für die Mitarbeit im Unterricht, um die Gesamtnote im Zeugnis nach unten zu korrigieren. Zum Dank trat ich als Mitglied Nummer 05876 in die CDU ein.

Als Strauß klar verloren hatte, was er selbst am besten verstand, dachten wir alle, Helmut Schmidt würde ewig regieren. Die FDP würde mangels Alternative zur SPD halten, solange Schmidt Kanzler blieb, und vielleicht auch über Schmidts Kanzlerschaft hinaus. Mir, dem CDU-Mitglied, standen Jahrzehnte in der Diaspora bevor.

Die Ewigkeit dauerte anderthalb Jahre. Das Gift des neuen Bewusstseins war auch in Schmidts Partei eingedrungen. Binnen kurzer Zeit zersetzte es die Positionen der Bundesregierung. Die FDP empfand sich als Partei der Vernünftigen und bekam es obendrein mit nackter Existenzangst zu tun. Am 1. Oktober 1982 wurde Helmut Kohl zum Bundeskanzler gewählt. Im Tennisverein sagte mir ein Erwachsener mit der ganzen Fülle seiner Lebenserfahrung: „Jetzt haben sie dem Schmidt vor den Koffer geschissen."

Ich hoffte, dass jetzt doch noch alles gut wird. Die Bunten – die Bezeichnung „Grüne" war noch eine von vielen – hatten ihre Schuldigkeit getan. Jetzt wird Helmut Kohl vermutlich zehn Jahre lang regieren und danach wieder ein Sozi. „Report"-Moderator Franz Alt durfte weiter „Frieden ist möglich" in die Fernsehkamera predigen, aber mehr auch nicht. Aber es sollte anders kommen. Die Welt war jetzt schon wieder nicht mehr so, wie sie gewesen war.

Zurück zu Eduard Zimmermann

Als ich „Aktenzeichen XY … ungelöst" die ersten Male sah, grübelte ich darüber nach, weshalb die Polizei die Täter nur gefilmt und nicht gleich festgenommen hat.

Eduard Zimmermann, genannt „Ede", lehrte mit seiner freundlichen Miene und seinem monotonen Sprechen, dass es nicht nur gute, sondern auch böse Menschen gibt. Leider musste ich bei der Spätausgabe, die über erste Ermittlungen berichtete, immer schon im Bett sein.

Aber bevor ich ins Bett ging, prüfte ich, ob Schubladen und Fenster in meinem Zimmer geschlossen waren, so sehr fühlte ich mich vom Verbrechen umgeben.

Für uns Babyboomer war das Fernsehen noch das Fernsehen: Was wir sahen, sahen wir vom Anfang bis zum Ende. Das Zappen war mangels Programmen noch nicht erfunden. Die Menschen, die auf dem Bildschirm erschienen, gehörten zur Familie.

Zu jeder Sendung aus dieser Zeit können wir eine Geschichte erzählen. Ede zum Beispiel sah ich immer bei meiner Großmutter, die über Jahrzehnte hin keine Ausgabe versäumt hat. Zur Beruhigung der Nerven gab es Smarties. Ich aß die roten am liebsten (bei den Gummibärchen allerdings die orangenen).

„Aktenzeichen XY … ungelöst" weitete den Horizont von uns Babyboomern. Wenn Ede mit seinen eigenen Morden durch war, schaltete er nach Wien zu Peter Nidetzky, der für das noch wenig bekannte Land Österreich stand, und danach zu Konrad Toenz nach Zürich, unserem ersten Schweizer überhaupt. Auch Konrad Toenz sagte, wenn er fertig war, „zurück nach Deutschland".

Peter Nidetzky flößte mir mit seinem großen Kopf und seiner dunklen Stimme Angst ein. Der Schweizer wirkte wie eine Erholung dagegen, denn Konrad Toenz trug seine Fälle wie ein Notar vor und sah auch selbst so aus. Die Brille war bestimmt ein Kassengestell.

Als einmal ein Verbrechen wenige Orte von uns entfernt nachgestellt wurde, waren meine Großmutter und ich ganz stolz.

Fernsehen bedeutete für uns Babyboomer noch ein Gemeinschaftserlebnis. Ob mit Eltern, Großeltern, Geschwistern, Freundinnen oder Freunden – schwer vorstellbar, dass wir die soundsovielte Ausgabe von „Spiel ohne Grenzen" (wir waren immer gegen die Holländer) oder von Ilja Richters „Disco" allein gesehen hätten. Der Mangel stiftete Gemeinschaft: Es gab nur ein Fernsehgerät im Haushalt, jedenfalls war nur eines in Farbe. Und Streit übers Programm kam bei drei Sendern, die zur Auswahl standen, selten auf.

Es gab die ARD und das ZDF und ein drittes, regionales Programm. Im Dritten stand bis zum Nachmittag nur das Testbild mit dem weißen Kreis und den Farbklötzen darum herum. Und viel „Telekolleg", Schulfernsehen, bei denen Lehrer mathematische Formeln an eine Tafel malten. Die meisten „dritten" Fernsehprogramme, die regionalen, machten noch eine Sommerpause, weil ihre Zuschauer am Strand von Milano Marittima lagen, aber vor allem, weil sich auch die Fernsehredakteure frei genommen hatten.

Wir Babyboomer sind die erste Generation, für die das Fernsehen schon in der Kindheit wichtig wurde. Es beherrschte uns allerdings noch nicht. Wir freuten uns – ich beschreibe es an anderer Stelle – auf die nächste Ausgabe von „Schweinchen Dick" oder den „Peanuts", von „Daktari" (mit Schimpansen-Weibchen Judy und dem Löwen Clearance) und „Flipper", von „Dalli-Dalli" und dem „Großen Preis" (mit Loriots Wum und Wendelin) wie auf einen Tag im Zoo. Wir fieberten mit Zeichentrickfiguren und Moderatoren und natürlich bei Sportereignissen mit. Aber von allem gab es weniger als heute und, vor allem, es gab außer Fernsehen noch manches andere. Wir machten Gesellschaftsspiele, pirschten durch den Wald oder standen auf dem Skateboard, später Mofa, mit Freunden zusammen.

Und das Fernsehen war anders als das Fernsehen heute. Vor ein paar Jahren wurde das Endspiel um den DFB-Pokal zwischen Borussia Mönchengladbach und dem 1. FC Köln vom 23. Juni 1973 wiederholt. Wer das Spiel damals gesehen hat, vergisst es nicht mehr. Ein heißer Sommertag, beide Mannschaften spielen von der ersten Minute an offensiv, nach neunzig Minuten steht es 1:1 und die Spieler sind stehend k.o. In der Pause vor der Verlängerung wechselt sich der Borusse Günter Netzer selbst ein, nachdem ihn sein Trainer Hennes Weisweiler bis jetzt – aus Ärger über dessen bevorstehenden Weggang zu Real Madrid – auf der Bank hat schmoren lassen. Wenige Minuten nach dem Wiederanpfiff kommt Netzer zum zweiten Mal an den Ball, stürmt auf das Tor zu und trifft aus vollem Lauf in die obere linke Ecke. Torwart Gerhard Welz sieht der Kugel regungslos hinterher, so überrascht ist er. Netzers Treffer bringt Gladbach den Sieg.

Nicht einmal das Fernsehen, wie wir Babyboomer es noch kennen, konnte die Stimmung kaputt machen. Es gab nach einem Tor nur eine oder zwei Zeitlupen (mit einem „R“ links oben im Bild), aus der immer gleichen Perspektive. Der Moderator Ernst Huberti, wenig schöner als Günter Netzer, fuhr noch keine Statistik-Kolonnen auf, um mit seinem Wissen zu prahlen. Das Spiel packte ihn selbst so sehr, dass er immer wieder lange schwieg.

Wir sahen das Spiel vor einem Grundig-Farbfernseher der ersten Generation, der meinen Vater ein Vermögen und uns fast das Augenlicht gekostet hat, so unscharf war das Bild im Vergleich zu späteren Modellen. Es gab keine Fernbedienung. Wer ganz außen saß, musste aufstehen, weil er niemandem durchs Bild lief, und ein anderes Programm einschalten oder die Lautstärke höher oder niedriger drehen.

Wir Babyboomer hatten es in unserer Jugend auch nicht immer leicht.

Dafür erlebten wir noch Fernsehgeräte, die noch diesen Namen verdienten. Sie gingen von Zeit zu Zeit kaputt wie eine Waschmaschine oder ein Auto, worauf uns ein Mann im blauen Kittel mit einem schwarzen Koffer in der Hand besuchte. Bange Minuten vergingen, bevor klar war, ob der Mechaniker ein passendes Ersatzteil dabeihatte oder das Gerät mitnehmen würde.

Meine Großmutter erlebte in diesem Zusammenhang den größten anzunehmenden Unfall: Der Fernseher brummte immer dann, wenn die Mechaniker auf dem Weg zu ihr oder wieder in der Werkstatt waren. Nachdem uns das Gerät einige Wochen zum Narren gehalten hat, kaufte meine Großmutter ein neues. Der Mechaniker nahm das alte mit und rief Monate später an, dass das Brummen jetzt auch in seiner Werkstatt aufgetreten sei.

Auch auf dem neuen Fernseher fand eine weiße Spitzendecke und darauf eine Kerze mit Ständer Platz. Für unsere Eltern und Großeltern bedeutete das Fernsehgerät – wie auch die Musikanlage – ein Möbelstück.

Meine andere Großmutter legte eine Spitzendecke auf die Plattenspieler-Haube. Der technische Quantensprung von Mono auf Stereo bedeutete ihr nichts: Sie ließ einen Lautsprecher in der Küche und den anderen im Wohnzimmer anbringen.

Um diese Zeit wieder aufleben zu lassen, habe ich bei ebay alte Fernseher, meistens tragbar und mit orangenem Gehäuse, ersteigert. Das verlangte keinen 3-2-1-Nervenkitzel, außer mir wollten den Schrott nur zwei oder drei andere haben, und sie boten auch viel weniger als ich. Meine Sammlerfreude wurde stark gedämpft, als eines dieser Exemplare während einer „Tagesschau“ in Flammen aufging. Es muss an der Meldung gelegen haben, die der Sprecher verkündet hat.

Freitag war „Dick und Doof“-Tag

Von ihren Kindergärtnerinnen haben Babyboomer gelernt, wie man die Uhr liest. Und vom Fernsehen, dass es sieben Wochentage gibt.

Die Fernsehwoche eines Babyboomers war noch komplett zu durchqueren: In der Programmzeitung „Bild + Funk“ (bei meinen Eltern) und „TV Hören und Sehen“ (bei meiner Großmutter) kreuzte ich donnerstags, wenn das neue Heft erschien, die Muss-Sendungen der nächsten Tage an. Meine Brüder machten auch Kreuzchen, aber mit einem anderen Stift. Die Fernsehzeitschrift lag auf dem Heftstapel immer obenauf.

Heute kann kein Mensch mehr das Fernsehprogramm, das auf ihn wartet, erfassen, geschweige denn, viel davon sehen.

Montag war, wenn „Schweinchen Dick“ lief. Anders als „Der rosarote Panther“ oder die „Peanuts“ wurde diese Serie nie mehr im deutschen Fernsehen wiederholt, oder doch? Sie kam immer um 18.35 Uhr im ZDF, gleich nach der „Drehscheibe“.

„Schweinchen Dick“ sorgte für einen wichtigen Gesprächsstoff auf dem Schulhof unserer Grundschule.

Um 20.15 Uhr begann im „1. Programm“, wie es in den Fernsehzeitschriften hieß, das politische Magazin, zum Beispiel „Panorama“. Es heißt heute noch so, nur der Moderator hat inzwischen gewechselt. Wer „Südwest 3“ empfing, das Programm für Baden-Württemberg, Rheinland-Pfalz und das Saarland, konnte sich um 19.05 Uhr das Angebot „Für Gastarbeiter“ antun, ähnliche Sendungen gab es auf anderen „Dritten“.

Am Dienstag begann, wie schon tags zuvor, das Programm im Ersten nach Vier und das des Zweiten nach Fünf.

Das in den Dritten zum Teil noch später. Die öffentlich-rechtlichen Programme kannten noch keine Konkurrenz.

Dienstags wurden wir Babyboomer mit „Was bin ich?", dem „Heiteren Beruferaten" mit Robert Lembke, groß. Mit Lembkes schwarzer Hornbrille dürfte heute nur noch Hape Kerkeling, wenn er Robert Lembke imitiert, vor die Kamera. Zur Legende wurde Lembkes Spruch „Welches Schweinderl hätten's denn gern?" Es gab fünf Mark für jedes Nein.

Die Jury war schon multikulturell besetzt: „Ratefuchs" Guido Baumann trat als zweiter Schweizer in mein Leben, Annette von Aretin verkörperte den entmachteten deutschen Adel, der sich jetzt in Quizshows verdingen musste, Marianne Koch war die Schöne mit den ADO-Gardinen, „die mit der Goldkante, es lohnt sich". Hans Sachs, der erste Mann mit einer Fliege um den Hals, war veritabler Staatsanwalt.

Wenigstens können wir Babyboomer mitreden, wenn es um Robert Lembke geht. Unsere jüngeren Geschwister aus der Generation Golf mussten vorher, als das „Sandmännchen" um 19.05 Uhr vorbei war, ins Bett.

Zu den größten Unfällen der deutschen Vereinigung gehört, dass sie das Sandmännchen (West) zugunsten des Sandmännchens (Ost) geopfert hat. Unseres war pausbäckig und kuschelig, das im Osten sozialistisch-herb. Das Sandmännchen hat uns Babyboomer wirklich noch den Tag beschlossen. Ich saß bei meiner Großmutter auf dem Schoß und wusste, was sie, wenn die Sandmännchen-Musik verklungen war, sagen würde: „So, jetzt ist es Zeit zum Schlafengehen."

Manche Babyboomer unter uns, nur die älteren, durften am Abend noch amerikanische Serien sehen, etwa „Die Zwei" mit Tony Curtis und Roger Moore. Die Lösung eines Falles dauerte immer gleich lang, 50 Minuten. Roger Moore hat ohne Tony Curtis, als er James Bond wurde, mehr als doppelt so lang gebraucht.

Mittwoch war „Lassie"-Tag, zwischen 17.35 Uhr und 18.05 Uhr bestand der arme Hund allerhand Abenteuer. Aber vielleicht hatte er ja ein Double. Die dröge ZDF-„Drehscheibe" mit Berichten aus den Bundesländern wurde von Fernschkoch Max Inzinger gewürzt, der seine Auftritte mit dem Satz „Ich habe hier schon einmal etwas vorbereitet" einleitete. Auf die „Drehscheibe" folgten grottenschlechte Schwarz-Weiß-Western-Schinken aus Amerika, etwa „Von Cowboys, Sheriffs und Banditen". In der Programmzeitung wiesen noch schwarz-weiß geteilte Kästchen darauf hin, dass die Produktion schwarz-weiß und der Farbfernseher nicht kaputt war. Von 20.15 Uhr an durfte Gerhard Löwenthal im „ZDF-Magazin" gegen die Linke in Deutschland und der Welt wettern. Aber wir Babyboomer verstanden davon noch nichts und wurden um diese Zeit sowieso todmüde.

Am Donnerstag lief im ZDF die große Unterhaltung, „Dalli-Dalli" mit Hans Rosenthal oder Wim Thoelkes „Großer Preis". Wie gern haben wir „Dalli-Dalli", Hans Rosenthals „Fragespiel für Schnelldenker", gesehen! Die weiße, wabenförmige Studio-Deko, die Jury mit dem Dicken in der Mitte, Rosenthals „Das war spitze!"-Sprung – wir freuten uns schon Tage vorher darauf.

Wim Thoelke wurde geboren, um den „Großen Preis" zu moderieren, so sehr schien er mit dieser Sendung verwachsen zu sein. Galant stellte er seine blondierte Assistentin Beate vor, tröstete Kandidaten, die ausgeschieden waren, übergab ihnen zum Abschied einen Koffer voller Bücher oder ließ sich – darauf warteten wir die ganze Zeit – von Wum vor die Leinwand rufen, wo sich der Hund und Elefant Wendelin auf einer Couch unterhielten. Am Schluss machte Wum einen Knoten in sein linkes Ohr. Wendelin verknotete schon einmal seinen Rüssel und streckte dabei seinen Kopf in die Höhe. Wum und Wendelin erinnerten an den Einsendeschluss für den nächsten Losverkauf der „Aktion Sorgenkind", Samstag in acht Tagen.

Jeweils freitags zeigte das ZDF die nächste Folge von „Dick und Doof". In einer Ausgabe verkaufen „Dick und Doof" Tannenbäume – aber nicht zu Weihnachten, sondern an Ostern. Oder sie schleppen gemeinsam ein Klavier. Oder bewerfen sich mit Torten. Oder werden im Regen pitschnass. Meine Großmutter lachte darüber genauso wie wir Kinder und ich weiß nicht, wann uns das Fernsehen besser unterhalten – und verbunden hat.

Der Abend gehörte, wie schon erzählt, Eduard Zimmermanns „Aktenzeichen XY… ungelöst". Damit die Zuschauer nicht deprimiert ins Bett mussten, schickte das ZDF „Erkennen Sie die Melodie?", das „Heitere musikalische Ratespiel" mit Ernst Stankovski, hinterher. Während jeder Ausgabe lebte die österreich-ungarische Donaumonarchie noch einmal auf. Meine Großmutter war eine kluge Frau, aber als Ernst-Stankovski-Fan litt sie an Geschmacksverirrung.

Am Samstag kam die erste „Tagesschau" schon kurz vor Drei. Bis zur ersten Staffel von „Raumschiff Enterprise" um 17.45 Uhr im Zweiten verging noch eine Ewigkeit. Vor dem nächsten Abenteuer auf der „Enterprise" war immer ein volles Programm zu absolvieren: Rechtzeitig aufs Klo gehen, Cola kalt stellen und aus dem Kühlschrank holen, Sprengel-Erfrischungsstäbchen (die mit dem Orangen-, nicht Zitronengeschmack) sichern. Danach erschien das weiße Raumschiff mit Captain Kirk und Spock im weiten All.

Die wichtigste Retro-Veranstaltung ist die „Sportschau", die wir Babyboomer noch im Original kennen. Hans-Joachim Rauschenbach zum Beispiel moderierte im karierten Anzug mit Krawatte. Zu den Höhepunkten gehörte die Wahl zum „Tor des Monats" und zum „Tor des Jahres", was die Redakteure mit aufwendigen Trickfilmen illustrierten. Auch das „Fußball-Ballett", das Szenen auf dem grünen Rasen vorwärts und rückwärts zeigte und im Takt mit einer Musik lief, bleibt uns in Erinnerung.

Anders als später gab es in der „Sportschau“ noch keine Milchwerbung. Die Milch war noch nicht erfunden.

Am Abend machten sich ARD und ZDF mit Spielshows Konkurrenz. Das Zweite zeigte „Wünsch dir was“ mit Dietmar Schönherr und Vivi Bach. Vivis Dekoltee entschädigte für das Erscheinen ihres Mannes, dessen Auftritt die Nation in Fans und Gegner spaltete. „Wünsch dir was“ war für diese Zeit eine Fernsehsensation, aber die Show hat sich von dem Fast-Unglück, als das Versenken eines Autos fast zum Tod von Kandidaten führte, nie mehr erholt. 1971 trat eine Frau mit blanken Brüsten auf. Die sexuelle Revolution kam im deutschen Fernsehen an. 1972 wurde die Show eingestellt.

Als wir Babyboomer ins Fernsehalter kamen, hatte das „Aktuelle Sport-Studio“ im ZDF leider seine beste Zeit hinter sich. Rainer Güntzler machte bereits Autotests und Wim Thoelke den „Großen Preis“. Aber Dieter Kürten und Harry Valerien moderierten noch. Sie gehörten als Sportjournalisten der Champions Leage an.

Zu einer festen Größe in unserem Leben wurde das Torwandschießen, auf das wir die ganze Zeit warteten. Jeder Teilnehmer hatte sechs Schuss. Es war das einzige Mal in Deutschland, dass mit Lederschuhen gekickt wurde. Wenn ein Nicht-Fußballer traf, so wie das blinde Huhn manchmal ein Korn findet, feierte ihn das Publikum frenetisch. Wenn ich mich richtig erinnere, stellte Franz Beckenbauer mit fünf Treffern den Rekord auf.

Wer am Sonntag den öffentlich-rechtlichen Sportmoderator Arnim Basche ertrug, der einmal „Kickers Bacher Offer“ statt „Offenbacher Kickers“ sagte, schaltete um 17.15 Uhr „Die Sportreportage“ ein. Da gab es immer etwas zu gewinnen. Wir machten auch einmal mit. Der Gewinn muss auf dem Postweg verloren gegangen sein.

Der Abend gehörte damals wie heute dem ARD-„Tatort“, allerdings mit Kommissaren, die noch mehr nach Polizei aussahen. Hansjörg Felmy brachte in seinem Job kein Lächeln über die Lippen, Karlheinz Höhne ließ bestimmt auch im Bett den grauen Anzug an. Die erste Kommissarin wohnte im „Tatort“ allein in einer Siebziger-Jahre-Dachwohnung, Grundton Braun. Das Drehbuch verlangte noch von ihr, dass sie ganz ohne weibliche Reize ermittelte.

Jeder Babyboomer kann auf Anhieb eine oder zwei „Tatort“-Folgen nennen, die er nie wieder vergißt. Bei mir ist es die Folge „Blüten“, in der der legendäre Schwabe Willi Reichert Geldscheine druckt. So unschuldig er wirkt, so täuschend echt ist sein fertiges Produkt. Und natürlich das „Reifezeugnis“ mit Nastassja Kinski, die Geschichte von der Schülerin und ihrem Lehrer, der bei dieser Schönheit nicht wiederstehen kann. Als ein Mitschüler das Verbotene mitbekommt, erpresst er den Lehrer. Der tut, was er tun soll, trotzdem nimmt das Unglück seinen Lauf.

Auch das Fernsehen macht uns Babyboomern deutlich, dass wir nicht mehr jung sind. Jeder von uns hat schon eine persönliche Fernsehgeschichte.

1960

Der Jahrgang 1960 ist ein besonderer, weil das Jahr 1960 ein besonderes war. Der US-Senator John F. Kennedy kandidiert bei den Präsidentschaftswahlen für die Demokratische Partei. Der französische Schriftsteller Albert Camus stirbt bei einem Autounfall auf der Strecke zwischen Nizza und Paris. Die Bauarbeiten für den riesigen Assuan-Staudamm am Nil, Ägypten, beginnen. Der 17-jährige Münchner Willy Bogner gewinnt den Abfahrtslauf am Lauberhorn in Wengers/Schweiz. In Deutschland fällt der Benzinpreis um etwa vier Pfennige. Ein Liter Normalbenzin kostet jetzt 59 Pfennige, „Super" 66 Pfennig. Der Schwarzwälder Georg Thoma wird zum dritten Mal Deutscher Meister in der Nordischen Kombination und ist erstmals auch bester Skispringer. Der Mannheimer Rudi Altig gewinnt sein sechstes Rennen als Radprofi. Die Deutschen gehen weniger ins Kino, weil sie immer häufiger zu Hause einen Fernseher haben. Marika Kilius und Hans-Jürgen Bäumler werden in Garmisch-Partenkirchen Europameister im Eiskunstlauf der Paare. In Deutschland gibt es erstmals ein Auto aus der Sowjetunion, den „Moskwitsch", zu kaufen. Die Gewerkschaft Öffentliche Dienste, Transport und Verkehr verlangt 14 Prozent höhere Löhne und Gehälter. Der amerikanische Sänger Elvis Presley hat seine Militärzeit in Deutschland beendet und kehrt in seine Heimat zurück. Weltraum-Spielzeuge landen immer häufiger in deutschen Kinderzimmern. Die elektronische Zahnbürste kommt auf den Markt. Die Lufthansa bietet von Hamburg aus den ersten Direktflug in die USA an. Deutschland bekommt sein erstes Autokino. Bernhard Grzimeks Dokumentarfilm „Serengeti darf nicht sterben“ erhält einen „Oscar“. Während der Dreharbeiten war sein Sohn bei einem Flugzeugabsturz gestorben. Die deutsche Autoindustrie produziert über 30 Prozent mehr Fahrzeuge als im Jahr zuvor. Die Retortenstadt Brasilia löst Rio de Janeiro als Hauptstadt von Brasilien ab. Der Nazi-Scherge Adolf Eichmann ist gefasst. Die Schauspielerin und Sängerin Marlene Dietrich kommt auf Deutschland-Tournee. In Stuttgart und München fahren Polizisten Pakete der Bundespost aus, weil es der „gelben Behörde“ an Arbeitskräften fehlt. Der deutsche Leichtathlet Armin Hary läuft in Zürich die 100 Meter in 10,0 Sekunden.

Die Arbeitslosenquote in der Bundesrepublik beträgt 0,7 Prozent, mehr als 500.000 Arbeitsplätze sind nicht besetzt. Der Angeklagte, der das Callgirl Rosemarie Nitribitt ermordet haben soll, wird freigesprochen. In einem Hamburger Beatclub gibt die Popgruppe „The Beatles“ das erste Konzert außerhalb ihrer Heimat Großbritannien. In Niedersachsen sollen Hausfrauen einen Schnellkurs in Pädagogik erhalten, um den Lehrermangel an den Volksschulen zu lindern. Der Film „Psycho“ von Alfred Hitchcock kommt in die deutschen Kinos. Deutschland erlebt eine Ernteschwemme beim Wein, sogar in Schwimmbädern muss er zwischengelagert werden. Kein prominenter Deutscher wird in diesem Jahr geboren.

Es gibt Fotos von mir, die ich auch nicht für eine Million Euro an die Bild-Zeitung verkaufen würde. Vor allem nicht die Fotos vom Abschlussball meiner Tanzschule. Weißes Hemd, grüne Krawatte und beige-graues Sakko waren vom Vater geborgt, die Hose haben meine Mutter und ich am Tag zuvor schnell noch gekauft. Sie passte, weil ihr Farbton – Erde? Matsch? Schlamm? – nicht zu definieren war. Doch nicht genug der Missgeschicke – ungeübt mit der damals neuen Erfindung „Haargel", trug ich viel zu dick davon auf. Meine Ballpartnerin machte, typisch Frau, ihre Sache besser. Leider habe ich ihr hübsches Äußeres mit einem buschigen Ich-bin-ein-Abschlussball-Blumenstrauß beleidigt.

Weshalb wurde ich für diesen Schritt der Mannwerdung nicht neu eingekleidet? Das Bewusstsein war damals noch nicht so. Wir Babyboomer zeigten wenig Interesse an unserer Verpackung. Die Marken-Tyrannei mit Tommy Hilfiger und Chiemsee kam erst später.

Der Blumenstrauß, den die Partnerin beim Einmarsch in der Hand tragen musste, ist ein Symbol für die Tragik von uns Babyboomern. Auch in der Tanzschule banden uns Regeln aus einer Zeit, die schon in der nächsten Generation vergessen war. Wir erlebten die Reste einer supersteifen Gesellschaft. Wir standen einmal mehr an der Schwelle einer neuen Zeit, aber eben nur an der Schwelle.

Die Räume der Tanzschule, die ich besuchte, waren in dunkelbraunem Holz mit dunkelbraunen Sitzecken gestaltet. Spiegel an der Wand ließen keinen Fehltritt unbeachtet. Natürlich legte der Tanzlehrer noch Schallplatten auf.

Jürgen, Holger und ich besuchten gemeinsam den Anfängerkurs, weil sich jeder für sich allein nicht dazu getraut hätte. Gleich am ersten Abend entschieden wir uns für unterschiedliche Strategien. Während Holger auf das schönste

Mädchen zuging (mit Kondomen in der Innentasche bewaffnet, wie ich später durch Zufall erfuhr), wählte ich eine Tanzpartnerin, in die ich mich nie im Leben verlieben würde. Was Jürgen tat, weiß ich nicht mehr, aber er hat den Kurs auch nach wenigen Stunden geschmissen.

Meine Auserwählte trug ein bordeauxfarbenes Wollkleid, in dem sie riechbar schwitzte. Ich trat ihr dauernd auf die Füße. Sie glaubte, dass es an ihr lag, vielleicht hielt sie deshalb bis zum Schluss der Stunde mit mir durch.

Während der ganzen nächsten Woche überlegte ich, ob ich sie beim zweiten Mal wieder auffordern oder mich um sie herumdrücken sollte. Mit diesem Mädchen war das Eis gebrochen, aber demnächst wahrscheinlich auch Fuß und Zehen. Zur zweiten Stunde kam sie nicht, was auf keinen Fall an mir liegen konnte. In der dritten begrüßte ich sie höflich in der Gewissheit, eine andere Partnerin gefunden zu haben.

Für uns Babyboomer bedeutete ein Tanzkurs noch ein Benimmkurs. Wie bittet der Mann um einen Tanz? Wie führt er die Frau am Arm auf die Tanzfläche? Die eigentliche Herkulesaufgabe bedeutete aber, ihr zu zeigen, dass ich mehr als nur mit ihr tanzen gehen mochte.

Von der ersten Kursstunde traumatisiert, bemühte ich mich um Nachhilfeunterricht. Eine Klassenkameradin, Barbara, stellte sich als Übungsobjekt zur Verfügung. Wir trafen uns mit ihrem Freund Ulli, der nicht ganz zufällig ebenfalls Zeit hatte, bei Barbara zu Hause. Barbara bestand darauf, dass ich – wegen Verletzungsgefahr – die Schuhe auszog. An tausend Nachmittagen lehrte sie mich, eine Rumba von einem Langsamen Walzer zu unterscheiden. Mein Hinweis, dass man doch auf jede Melodie Foxtrott tanzen könne, fand null Gehör.

Als sich im Kurs die ersten Pärchen bildeten, fühlte ich mich unter Zugzwang gesetzt. Auch Holger hielt inzwischen die Hand seiner Schönen. Seit der zweiten Stunde tanzte ich mit Desdemona, die ich schon deshalb interessant fand, weil ich noch nie einer Desdemona begegnet war. In den ersten zwei, drei Stunden lachten wir viel miteinander. Keiner von uns traute sich die Stimmung durch ein Ich-habe-aber-einen-Freund-Hinweis zu kippen. Ich schon gar nicht, hatte ich doch vergeblich versucht, mich nicht in sie zu verlieben. Als der Tanzlehrer den Herren (er sprach immer von „Dame" und „Herr") vorschlug, sie sollten ihre Partnerinnen zum gemeinsamen Tanz beim Abschlussball einladen, musste die Wahrheit heraus: „Den Ball tanze ich sehr gern mit dir", sagte Desdemona zu mir, „aber du musst wissen, ich bin verheiratet und habe ein Kind."

„Bloß nichts anmerken lassen!", dachte ich. „Ich muss jetzt stark sein." Ich schwafelte etwas von: „Das macht doch nichts, ich freue mich darüber, dass wir so viel Spaß miteinander haben." Wenn sie gewusst hätte! Aber vielleicht hat sie auch. Und vielleicht ein bisschen ähnlich empfunden? Ich werde es nie wissen.

Schon um so zu tun, dass es mir stets um Freundschaft gegangen war, meldeten wir uns auch für einen Rock 'n' Roll-Kurs an. Rock 'n' Roll war neben dem Disko-Fox der einzige Spezialtanz von uns Babyboomern. „Dirty Dancing"-Kurse oder die Salsa-Welle kamen erst später. Leider brach Desdemona den Kurs in der zweiten Stunde ab. Wir übten eine Figur, bei der sie auf meinen Oberschenkel springen musste. Ich hatte vergessen, meinen Schlüsselbund aus der vorderen Hosentasche zu nehmen. Als Desdemona auf meinem Schenkel landete, bohrte sich ein Schlüssel durch ihre Strumpfhose in ihren Schenkel hinein. Seither tastete sie auch vor einem harmlosen Foxtrott meine Taschen ab wie die freundlichen Filzer auf dem Flughafen.

Nie ging es ums Tanzen, nur ums Werben und Finden. Was hätten wir mit unseren Tango- und Cha-Cha-Cha-Figuren sonst machen sollen? Als wir Babyboomer unseren ersten Kurs absolvierten – entweder zwangsverpflichtet als

Schulklasse in der Achten oder freiwillig etwas später – war die große Zeit der Tanzmusik längst vorbei. Mein Vater hörte Platten von Bert Kaempfert und Raymond Levèvre in Erinnerung an seine eigene wilde Zeit. Max Greger musste mit seiner Big Band in Bierzelten spielen, ich war selbst einmal Zeuge davon. Vor allem aber verschwanden in den Siebzigern viele Tausend Tanzlokale, leider auch die mit den Telefonen („Wie wäre es mit einem Tanz?") auf jedem Tisch, um einer Diskothek Platz zu machen. Öffentlich getanzt wurde nur noch beim Seniorentreff am Sonntagnachmittag oder auf Butterschiffen vor der holländischen Küste. Und in der Baghwan-Disko, die mit dem orangefarbenen Personal, wo der DJ um Mitternacht einen Wiener Walzer spielte.

Mit der „Let's dance"-Show von Hape Kerkeling erlebt das Tanzen eine kleine Renaissance. Hape weiß als praktizierender Babyboomer einfach noch, was gut war.

Neulich habe ich mit dem Auto von Mainz nach Köln eine ewige Zeit gebraucht. Vor mir fuhr einer dieser Betonmischer mit dem Aufkleber „Beton. Es kommt drauf an, was man draus macht." Ich hätte den „Brummi" (auch ein Wort aus unserer Zeit) links überholen können, denn wir befanden uns auf einer Autobahn, doch mein Herz hüpfte beim Lesen dieses Spruches und hörte nicht damit auf. Der Erfinder dieses Satzes muss ein Babyboomer sein. Keiner Generation lag der Beton so sehr in der Wiege wie uns.

Die Kindheits-Wohnungen der Babyboomer sind noch gemauert. Meistens stammen sie aus den Wirtschaftswunder-Jahren von Deutschland (West). Der bevorzugte Bodenbelag war Linoleum, das wenig kostete und sich leicht putzen ließ. Leider lag Linoleum auch in jedem Krankenhaus und in jedem Klassenzimmer – besonders letzteres bedeutete eine Rufschädigung, von dem sich das Linoleum bis heute nicht erholt hat.

In unseren ersten Bädern gab es immerhin schon Fliesen, alle in derselben Größe, quadratisch und grau, mit schwarzen Punkten gesprenkelt. Über der Badewanne hing ein riesiger Warmwasser-Behälter, der zum Haushalten zwang. Duschorgien, wie sie die Generation Praktikum pflegt, waren uns Babyboomern noch verwehrt.

Neben dem Waschbecken hat das Elektrizitätswerk, das tatsächlich noch so wie im „Monopoly" hieß, ein Blechschild anschrauben lassen mit dem Hinweis: „Benutzen Sie keine elektrischen Geräte, während Sie auf nassem Boden stehen." Oder so ähnlich. Schon zu unserer Zeit war also die Leitfähigkeit von Wasser bekannt.

Zwischen Ende der sechziger und Mitte der siebziger Jahre endete dann unser Zusammenleben mit Backsteinmauern, Linoleum und fetten Boilern. Unsere Eltern zogen mit uns in eine größere Miet- oder Eigentumswohnung oder – wenn diese Eltern Ärzte waren – in einen Bungalow. Endlich gab es große, gut geschnittene, helle Zimmer, in denen hochflorige Teppiche lagen und das warme Wasser ohne Limit aus der Brause floß. Wir lebten auf Balkonen, die diesen Namen – anders als heute – noch verdienten, und unsere Mütter gingen zum Waschen in den Keller, wo jeder Mieter eine eigene Maschine laufen ließ. Bad und Flur waren ohne Fenster, aber zu dieser Zeit verzichteten Bauherren noch auf den nervigen Ventilator, der mit dem Lichtschalter anspringt.

Unsere Eltern waren stolz darauf, dass sie sich endlich eine moderne Wohnung leisten und jedem Kind jeweils ein eigenes Zimmer bieten konnten. Der Preis für diese Modernität hieß Beton. Und noch mehr: Beton, Hochhaus, Leben fern vom Dorf- oder Stadtzentrum.

Beton ist hart und grau und kalt. Aber es ist der Werkstoff, mit und in dem wir Babyboomer groß wurden.

Beton lässt sich leicht zubereiten und macht ein schnelles Bauen möglich – ideale Eigenschaften für eine Zeit, in der massenweise Kinderzimmer und Klassenräume und Hörsäle gebraucht wurden.

Meine Eltern bewohnten mit uns Kindern zwar eine gemauerte Haushälfte, dafür war die Grundschule für die Klassen drei und vier aus Beton. Man nehme ein paar Fertigteile, setze in die freien Flächen Fenster ein und belege Foyer und Aula mit Waschbetonplatten – fertig ist das typische Schulgebäude der Siebziger. Später kamen eine Sport- und eine Festhalle aus Beton hinzu, als millionenschwere Entschädigung dafür, dass der Ort im Zuge der Verwaltungsreform „eingemeindet" wurde, sprich seine Selbstständigkeit verlor.

Nicht nur Rechnen und Schreiben lernten wir zwischen Beton, sondern auch Schwimmen. Jedes Hallenbad unserer Zeit war aus Beton. Brotlose Künstler aus dem Ort durften, weil die Stadtväter Mitleid mit ihnen hatten, an jeweils einer

Betonwand die einzigen Farbtupfer in der Schwimmhalle setzen. Am gemütlichsten fand ich immer den Bereich der Umkleidekabinen, denn ihr Plastik strahlte in orange.

An die Würde und Zartheit von unverputztem Beton gewöhnt, fühlte ich mich im Gymnasium, von Klasse fünf an, pudelwohl. Es handelte sich um einen Zweckbau aus – wieder – Betonfertigteilen, der nichts anderes wollte als uns ein Dach über dem Kopf zu geben. Der Architekt sah Klassenräume und Lehrerzimmer, einen Aufenthaltsraum und einen Fahrradkeller vor, so wie es zu Hause ein Wohnzimmer, ein Schlafzimmer, eine Küche und einen Keller gibt. Auf eine „gute Stube", einen Saal für Konzerte, wurde verzichtet – Veranstaltungen fanden in einem weitläufig gestalteten Treppenhaus statt.

Das Unternehmen „Schule" geriet zu unserer Zeit, weil wir so viele waren, zu einem Massenbetrieb. Unser Gymnasium stand auf einer ehemals grünen Wiese, zwischen zwei Städten, wo es beliebig erweitert werden konnte. Und tatsächlich, noch während der Bauphase „meiner" Schule machten die Planer das Gebäude noch einmal deutlich größer. Auf dieser Wiese war auch Platz für eine Turnhalle, in der ich mich an Barren und Reck versuchen sollte, und später auch für ein Hallenbad.

Aber wir Babyboomer haben uns nicht zu beklagen. Auch wenn diese Schule aus Beton war, gab es sie immerhin und erlaubte den Vielen eine „weiterführende" Ausbildung, wie es damals hieß.

Indem ich mittags das Schulhaus verließ, entkam ich dem Beton und kehrte in ein Haus an einer normalen Straße zurück. Für viele andere Babyboomer ging das Leben zwischen Betonwänden weiter. Die Wohnungen der Eltern befanden sich in Hochhaus-Siedlungen, für die ebenfalls grüne Wiesen hatten herhalten müssen, und wo nicht nur die Häuser neu waren, sondern auch Straßen, Märkte und Plätze. Natürlich, auch diese Siedlungen entstanden, um moderne Wohnungen zu schaffen. Doch nicht nur im Sozialismus des Ostens, auch im Westen verloren Architekten im Rausch der Möglichkeiten die Menschen aus dem Blick. Ein Architekt durfte plötzlich nicht nur Wohnungen planen, sondern auch Lebensplätze, Lebensräume, ja tägliche Wege, die Menschen von ihrer Wohnung weg und zu ihr zurück gehen sollten. Das war für ein einzelnes Gehirn zu viel und ging schief. Ein gigantischer Irrsinn, mit dem wir Babyboomer klarkommen sollten.

In Berlin (West) zum Beispiel entstand die Gropius-Stadt, in der Christiane F., Jahrgang 1963, groß wurde – das Mädchen, das sich mit 13 Jahren Heroin spritzte und zwei Jahre später zwei „Stern"-Reportern ihre erschütternde Lebensgeschichte erzählte. Heraus kam ein Bericht über die „Kinder vom Bahnhof Zoo", der Ende der siebziger Jahre die Wende brachte: Deutschland (West) begann sich mit seinen Bau- und Sozialsünden zu beschäftigen.

Aber da war nicht nur die Gropius-Stadt, sondern auch die Beton-Landschaft in Stuttgart-Neugereuth, Freiburg-Weingarten oder Schwalbach am Taunus, nahe Frankfurt, dessen Gesicht Wim Wenders im Film „Falsche Bewegung" ein Denkmal gesetzt hat.

Wir Babyboomer erinnern uns gut an Stadtlandschaften, die Verkehrsplaner der sechziger Jahre für uns – oder doch eher für die Autos? – geschaffen haben. Sie gaben dem Auto Vorfahrt vor dem Menschen. BAP besangen die Nord-Süd-Fahrt in Köln, in Stuttgart durchtrennt die Konrad-Adenauer-Straße die Stadt. In Wesseling bei Bonn kreuzt eine Straße die Fußgängerzone, die Menschen müssen in einem Tunnel unter ihr hindurchgehen. In Freiburg wurde der Platz am Siegesdenkmal komplett untertunnelt. Die Autos oben, die Menschen unten.

Inzwischen liegt über der Konrad-Adenauer-Straße in Stuttgart eine Betonplatte, um den Beton darunter zu verbergen. Die Tunnel unter dem Freiburger Siegesdenkmal wurden geschlossen. Die Menschen gehen jetzt doch, geleitet von Ampelanlagen, über die Straßen.

Wir Babyboomer erinnern uns auch an das Gesicht der Stadt, bevor die Grünen erfunden wurden. Schlechte Luft, Lärm, überquellende Müllberge. In der Folge Stadtflucht, leerstehende Häuserzeilen, Verfall. Wir wurden in politischer Freiheit und materiellem Wohlstand groß, aber auch in hässlichen, schwer bewohnbaren, stinkenden Städten.

Es gibt eine drastische ZDF-Dokumentation aus dem Jahr 1977 mit dem Titel „Ist Frankfurt noch zu retten?" Sie zeigt, wie wenig sozial die Stadt für uns Babyboomer war. Junge Leute vertrieben sich mangels besserer Gelegenheiten ihre Zeit auf der Straße.

„Gastarbeiter", wie Ausländer damals hießen, lebten in Ghettos. Anders als heute befand sich der „Kinderstrich" noch für alle sichtbar im Zentrum, hinter dem Bahnhof. Alte Menschen lebten in Wohnungen ohne eigenes Bad.

Wo der Beton nicht flächendeckend ausgegossen wurde, diente er wenigstens einem heiligen Zweck – dem Bau von Kirchen. Viele Tausend Gotteshäuser aus Beton sind in diesen Jahren entstanden. Ein so rohes, hartes, kaltes Material soll Wärme, Gemeinschaftlichkeit, Kraft zum Glauben stiften? Viele Gläubige, die darin den evangelischen Gottesdienst oder die Heilige Messe feiern, gewöhnen sich bis heute schwer daran. In Trier zum Beispiel steht eine solche Trutzburg gegen die nichtgläubige, gleichgültige Welt um sie herum. Wir Babyboomer verstehen noch am besten, dass eine Kirche aus Beton gebaut sein kann.

Der Beton aus unseren Kindertagen ist jetzt 30 bis 40 Jahre alt und hat mindestens eine Sanierung hinter sich – oder den Abbruch. Saniert wurde zum Beispiel die großartige Mensa der Universität in Saarbrücken mit dem ungewöhnlichsten „Rosengarten" der Welt, einem Feld von Mini-Stelen, die aus Beton gegossen und rot angemalt wurden. Verschwunden ist dagegen der Kleine Schlossplatz in Stuttgart, der mehr sein sollte als ein Betonbauwerk – mit seiner Ladenstraße und seinen Cafés über Stadtautobahn und Straßenbahnen wollte er Heimat inmitten der City bieten. Ein gigantischer, ganz wörtlich tonnenschwerer Irrtum – die Menschen nahmen den kalten Beton nicht an.

Jeden Tag stirbt in Deutschland die Stadt der siebziger Jahre ein bisschen mehr, wird ein Wohnheim, ein Kindergarten oder eine Aussegnungshalle aus Beton gesprengt. Häßlich! lautet heute die gängige Meinung über die Architektur dieser Zeit. Ich bin in meinem Urteil darüber gespalten. Auch wenn ich vieles nicht schön finde, sind mir diese Massen von Beton doch vertraut. Als Babyboomer kannte ich über viele Jahre hin nichts anderes.

Nein, das ist nicht so gemeint, dass wir Babyboomer eine Heimat verloren hätten wie viele unserer Großmütter und Großväter. Vielmehr verbinden wir mit dem Wort „Heimat“ keine Vorstellung und schon gar keinen Ort. Die Frage, wo wir einmal begraben sein wollen, macht uns verlegen.

Unsere Großeltern mussten von ihrer Heimat fortgehen, weil sie durch den Krieg vertrieben wurden oder weil die wirtschaftliche Not sie dazu zwang. Meine beiden Großväter kamen aus der schwäbischen Provinz in die Landeshauptstadt Stuttgart, wo sie bei der Deutschen Reichsbahn Arbeit fanden. In der Heimat hätten sie als Schreiner oder Sattler ein kärgliches Auskommen gehabt. Im Nordschwarzwald, wo mein Opa väterlicherseits geboren wurde, brannten die Väter fleißig Schnaps, um von ihrem schweren Leben wenig mitzukriegen.

Zur selben Zeit gingen die Großmütter der Babyboomer „in Stellung“, wie das verharmlosend hieß. Im Klartext lernten sie keinen Beruf, sondern arbeiteten als Hausmädchen, bis sie geheiratet wurden und Kinder bekamen. Eine Berufsausbildung für eine Frau galt als überflüssige Geldausgabe.

Wo immer sich unsere Opas und Omas kennen lernten – der Ort, an dem der Opa arbeitete, wurde zur gemeinsamen Heimat. Auch für die Kinder, unsere Eltern. Meine Mutter und mein Vater fühlen sich als Stuttgarter, weil sie hier ihr ganzes Leben verbracht und miterlebt haben, wie eine vom Krieg zerstörte Stadt neu entstanden war.

Viele Großeltern anderer Babyboomer waren Vertriebene. Sie liebten die alte Heimat, bauten aber in der neuen ein Haus. Anfang der siebziger Jahre, als Bundeskanzler Willy Brandt das schwierige Thema beherzt anpackte, mussten sie endgültig Abschied von der Hoffnung nehmen, nach Hinterpommern, Westpreußen oder Schlesien zurückzukehren.

Ihre Kinder, unsere Eltern, hatten das ohnehin nicht mehr vor. Sie sprachen den Dialekt der neuen, nicht der alten Heimat.

Auch für ihre Kinder, uns Babyboomer, blieb die Vorstellung von Heimat zunächst intakt. Wir wurden zwar in enge Mietwohnungen hineingeboren, in den Kinderzimmern türmten sich Stockbetten übereinander, doch wir hatten unseren Sandkasten und den Vorgarten und später die Freundinnen und Freunde auf dem Gehweg.

Anfang bis Mitte der siebziger Jahre kamen wir ins Jugendalter und brauchten endgültig mehr Platz. Unsere Eltern mieteten oder kauften eine Wohnung in einem sogenannten „Neubaugebiet", wie es zu dieser Zeit jedes Dorf und jede Stadt aus dem Boden stampfte. Das bedeutete einen Schulwechsel und den Verlust von Freunden. Sollte das nun unsere neue Heimat sein?

Unser Dorf wurde 1974 „eingemeindet", in eine neue Stadt mit neuem Namen eingegliedert. Zur Vorbereitung der ersten heiligen Kommunion fuhr ich in die Nachbargemeinde, die jetzt zur gemeinsamen Stadt gehörte. Dort feierte ich auch die Kommunion. Und dort besuchte ich nach der Grundschule ein Gymnasium, wo Babyboomer aus der ganzen Region unterrichtet wurden. Mit 20 Jahren hatte ich mein Abitur und musste zur Bundeswehr. Die Kaserne stand natürlich auch ganz woanders. Danach begann ich eine Ausbildung, wieder in einem anderen Ort. Seither bin ich wegen des Berufes mehrfach umgezogen. Wo ist meine Heimat?

Das soll keine Klage sein. Ich glaube nur, dass es vielen Babyboomern so geht: Sie leben nicht mehr dort, wo sie Wurzeln geschlagen haben – wenn sie überhaupt Gelegenheit hatten, Wurzeln zu schlagen.

Es sind Orte und Bilder, die wir mit „Heimat" verbinden – oder meinen wir in Wahrheit Bilder von Kindheit, die ohne einen festen Ort auskommt?

Heimat bedeutet für mich der Rasen hinter dem Haus, den wir beim ersten Mal, weil das Gras sehr hoch stand und der Rasenmäher versagte, mit der bloßen Schere schnitten. Sie bedeutet für mich der Platz, wo ein paar Wellensittiche und vor allem unsere Boxerhündin Anka begraben liegen.

Heimat bedeutet für mich der Milchwagen, ein weißer Opel Blitz, der zweimal die Woche Brot und Butter und Milch vor die Haustür brachte. Oder der Tante Emma-Laden, der die ersten Tchibo-Artikel – Geldkassetten und „Die Hausuhr" – anbot, zum Glück noch ohne das TCM-Signet. Oder die Stelle im nahen Wald, an der ein Jagdflieger im Zweiten Weltkrieg abgestürzt ist. Die Gürtelschnalle des Piloten lag noch auf dem Boden, als wir die Stelle besuchten.

Wenn ich heute durch den Ort fahre, sehe ich vor allem, was es nicht mehr gibt. Ich erinnere mich an die Tankstelle, die noch einen Tankwart hatte und der Chef das größte Auto im Ort, einen grünen Opel Admiral, fuhr. Ich komme an der Wiese vorbei, wo ich die ersten Blumen pflückte, heute steht ein Evangelisches Gemeindezentrum darauf. Auch die „Liebesbank", eine Sitzbank im Wald, übersät mit Herzschmerz-Schnitzereien, um die sich Mythen rankten, steht nicht mehr.

Aber hätte ich nicht jedes Jahr wiederkommen müssen, um mir diese Heimat zu bewahren, hätte ich die Entwicklung des Ortes, der sich so sehr verändert hat, intensiver begleiten sollen? Heute ist mir dieser Platz keine Heimat mehr.

Auch unter uns Babyboomern gibt es noch andere Lebenswege, aber sie sind selten. Jürgen zum Beispiel, Jahrgang 1959, kam als Kind mit den Eltern auf den Mainzer Hartenberg, suchte sich eine Lehrstelle und Arbeit in Mainz und blieb immer auf dem Hartenberg wohnen. Dort kennt er jeden Stein. Und begegnet anderen Einheimischen seit 30, 40 Jahren. Und freut sich darüber, wenn eine oder einer dorthin zurückkehrt, nachdem sie oder er viele Jahre anderswo gelebt hat. Jürgen sagt, er habe nie Sehnsucht nach der Ferne gehabt. Ich beneide ihn dafür und weiß doch, dass dies nicht mein Weg sein konnte.

Wir Babyboomer mögen noch einige Jahre umherziehen – auch für uns gibt es irgendwann einen finalen Platz. Aber wo? Das Grab unserer Großeltern wurde aufgegeben, weil keine der Töchter und kein Sohn in der Nähe lebt und es pflegen kann. Meine Eltern wollen wohl dort ein Grab, wo sie heute leben, aber ich werde ihnen nicht folgen, denn dort kennt mich niemand und so wird auch niemand mehr nach mir schauen.

Ein Journalist hat einmal mit spitzer Feder bemerkt, noch auf dem Friedhof müssten die Babyboomer eng zusammenrücken, so viele seien sie. Wir werden in Ermangelung von Tradition und Heimat dankbare Abnehmer einer anonymen Bestattungskultur sein. Nicht einmal eine Urne soll es geben, denn die schafft im Tod einen festen Ort, den wir Babyboomer im Leben nicht hatten.

John-Boy, die Kuh wartet!

Als wir Babyboomer in den Erdkunde-Unterricht mussten (später hieß es verharmlosend Geografie), war Amerika schon entdeckt. Amerika bestimmte unser Leben von früh an mit, wir kamen nicht darum herum, wenn auch nie hin.

Von weiß-schwarzen Verkehrschildern in einer fremden Sprache („Kelley Barracks“) wussten wir, dass Amerikaner im Land sein mussten, aber die Zeiten, da GIs den Jazz und Schokolade brachten, waren lange vorbei. Die Soldaten saßen nur noch in ihren Kasernen, die von meterhohem Stacheldraht umzingelt waren. Wenn die Amis ins Manöver zogen, bildeten sie auf der Autobahn einen Kilometer langen Konvoi mit einem rot blinkenden Licht am Ende, und das Radio berichtete, dass dieser Konvoi nicht überholt werden konnte.

Amerika gab sich friedlich und dabei allmächtig. Bei Sommerolympiaden oder Leichtathletik-Wettkämpfen räumten Amerikaner die meisten Goldmedaillen ab. Wem die US-Präsidenten Nixon, Ford oder Carter alles die Hand schüttelten, erzählte die „Tagesschau“ haargenau. Ich erinnere mich an den „Tagesschau“-Bericht, wonach Nixon gestattet wurde, als Präsident das Oval Office zu räumen. Noch am gleichen Tag trat er wegen „Watergate“ zurück.

Aber hier handelte es sich um hohe Politik, von der wir Babyboomer noch nichts verstanden. Amerika in seiner Weite und Vielfalt vermittelte sich uns über das Fernsehen. Der wichtigste Beruf jenseits des Atlantiks war der des Polizisten, denn in Amerika wurden, so mussten wir glauben, laufend Menschen bedroht, entführt und sogar erschossen. Polizisten wie „Kojak“, „Columbo“ oder „Der Chef“ hatten alle Hände voll zu tun.

Kojak war der erste Schleichwerber im deutschen Fernsehen. Er steigerte den Verkauf von roten Lollipops ins Unermeßliche.

Columbo lief immer herum, als habe es am Morgen nicht zu einer Dusche gereicht.

Der Chef löste seine Fälle vom Rollstuhl aus. Das galt zur damaligen Zeit als spektakulär.

Außer Polizisten gingen auch Detektive und Rechtsanwälte auf Verbrecherjagd. „Detektiv Rockford“ hatte fünf Jahre unschuldig im Gefängnis gesessen, bevor er eine Arbeit annahm, die ihn ins Fernsehen brachte. Sicher lebte er in panischer Angst vor Erdbeben, sonst hätte er sich keinen Wohnwagen als Zuhause gewählt. Auch Rechtsanwalt „Petrocelli“ und seine Frau lebten auf vier Rädern, denn das Haus, das sie bauten, war noch nicht fertig und wurde es auch nie.

Zum Fenster nach Amerika schlechthin wurde allerdings die Krimi-Serie „Die Straßen von San Francisco“, in denen der knurrige Karl Malden und ein heißsporniger Michael Douglas die Hauptrollen spielten. Die Golden Gate Bridge stand schon, sie kam im Vor- und Abspann jeder Folge vor. Karl und Michael fuhren große Autos und wurden in der Rush Hour der Stadt zwischen großen Autos gefilmt. Auf uns Babyboomer, die gerade die Ölkrise überstanden hatten, machte das heftig Eindruck. Amerika schien üppig und grenzenlos. Amerika war das Schlaraffenland.

Immerhin bekamen wir schon mit, dass es in diesem Land Unterschiede zwischen Arm und Reich geben musste. Während das San Francisco von Karl Malden und Michael Douglas fast im Kohlenmonoxyd der Autos erstickte, kamen andernorts Abgase von Kühen. Die Familie Walton lebte zwischen ihnen, ein bisschen arm zwar, aber gesund, weil naturverbunden.

Im Mittelpunkt der Serie, die 1975 im ZDF startete, stand John-Boy, der völlig übermüdet die Kühe molk, weil er in der Nacht zuvor gedichtet hatte. Seine Mutter, eine Frau von strenger Moral, hätte sich gut mit meiner ersten Erdkunde-Lehrerin verstanden. Nach drei Folgen wussten wir, wie die Serie gestrickt ist, aber wir blieben trotzdem dabei. Wenn die „Waltons"-Stunde mit dem obligatorischen „Gute Nacht-John-Boy" endete und im Holzhaus das letzte Licht erlosch, waren wir gestärkt wie von einem guten Essen.

Nicht „1989", das wissen wir Babyboomer ganz genau, hat die Welt verändert, sondern die Jahreswende 1982/83. 1982 wurde Helmut Schmidt als Bundeskanzler abgewählt und durch Helmut Kohl ersetzt. 1982 spielte die Gruppe ABBA die traurigste Platte der Pop-Geschichte ein, „The Visitors", mit dem traurigsten aller schönen Pop-Songs, „The day before You came". Danach beschlossen die vier Mitglieder, eine Pause zu machen, die eine Pause für immer wurde. Und 1983 lief die letzte „Waltons"-Folge im deutschen Fernsehen.

Neue Männer braucht das Land

Singt Ina Deter in ihrem bekanntesten Lied. Sie meinte die Männer unter den Babyboomern. Uns blieb wirklich nichts erspart.

Dabei schienen doch die Rollen klar vorgezeichnet. Wir bekamen das Zusammenleben unserer Großeltern mit – Opa war Ernährer der Familie und bestimmte. Was er sagte, galt.

Nicht ein liebes Wort habe ich meinen Großvater zu seiner Frau sagen hören. Gefühle wurden nicht gezeigt. Die Frau ordnete sich völlig unter. Opa saß stets am Kopfende des Tisches, in einem Stuhl mit hoher Lehne, beim Essen wie beim Fernsehen. Wenn das Essen fertig war, trugen Mutter und Tochter das Geschirr ab, Opa schaltete den Fernseher an. Meine Mutter erzählte mir einmal, was ihr die eigene Mutter auf den Eheweg gegeben hatte: Wenn dein Mann abends nach Hause kommt, musst du ihn bedienen.

Auch die meisten unserer Väter zeigten wenig Gefühle und noch weniger sprachen sie darüber. Immerhin drückten sie die Zuneigung zu ihrer Partnerin in Fürsorge aus. Als es finanziell ging, kaufte mein Vater meiner Mutter ein Auto, einen weißen Opel Kadett A. Oder er richtete ihr Anfang der siebziger Jahre eine für die damalige Zeit supermoderne Küche ein, einschließlich einer Geschirrspülmaschine, was noch einen Luxus bedeutete. Diese Generation von Geschirrspülern lief noch nicht so leise, dass ein Rehkitz daneben gefuttert hätte. Ich finde diesen Werbespot wunderbar. Unsere erste Spülmaschine hätte eine Rotte von Wildschweinen in die Flucht geschlagen, so laut war sie.

Sie musste aber auch besonders hart arbeiten, denn bei dem Nutella-Konsum von uns Kindern fielen pro Spülvorgang ein Dutzend Nutella-beschmierte Messer an. Um sie sauberzumachen, braucht die Maschine die Wassermenge eines Stausees.

Ich war dabei, als die Küchengeräte ausgepackt wurden. Meine Mutter freute sich riesig. Erst die Generationen danach würden behaupten, mit der neuen Küche habe der Mann die Rolle der Frau als Hausfrau zementiert.

In unserer Elterngeneration gingen schon viele Auftritte unserer Väter, die sich als Alphatiere gebärdeten, ins Leere. Mein Vater pflegte zum Beispiel Möbel alleine zu kaufen. Die Kaufentscheidung fiel frühmorgens, wenn er auf dem Weg zur Arbeit im Stau stand und in Schaufenster von Möbelhäusern sehen konnte. Er brachte dann das Möbel am Abend mit und übergab es seiner Frau, die einen Platz dafür finden musste. Unsere Zimmer waren deshalb immer übervoll.

Meine Mutter trug gelegentlich heimlich eines dieser vielen Möbel in den Keller. An Tagen, als „der Sperrmüll" kam, sprich ein riesiger Laster, der Sperriges abholen sollte, kontrollierte mein Vater persönlich, was meine Mutter zum Abtransport bereitgestellt hatte. Er rettete jedes Mal mindestens einen Hocker oder gar einen Stuhl, aber nur vorläufig, denn die Gefahr würde in Gestalt des Lasters wiederkommen.

Einmal brachte mein Vater ein Weinregal mit, das einem Papageienkäfig verdächtig ähnlich sah. Wir Kinder erkannten die Ähnlichkeit früher als mein Vater und setzten Stofftiere hinein. Er sprach einen Abend lang nicht mit uns.

Meine Mutter brauchte vier Wochen, um für das Regal Platz zu schaffen. Inzwischen steht es an einem Ort, wo es seiner Entsorgung noch lange entgehen kann: Bekanntlich fühlen sich Papageien im Keller besonders wohl.

Von solchen Rollenbildern und kleinen Händeln zwischen Mann und Frau geprägt, schickte ich mich an, selbst ein Mann zu werden. Wir Babyboomer mussten das noch selbst lernen. Die Mütter wurden noch nicht die besten Freundinnen ihrer Töchter, die Väter noch keine guten Kumpels ihrer Söhne. Aber dank der Vorbilder schienen die Geschlechterrollen klar. Die Ehefrauen unter den Babyboomern würden ein eigenes Konto haben (in der Generation unserer Eltern keine Selbstverständlichkeit!), die Freunde für Samstag abend zum Essen einladen und mit den Kindern die Hausaufgaben machen. Der Mann müsste das Geld nach Hause bringen, die Frau über die Farbe des neuen Autos entscheiden lassen und den Toaster reparieren.

Aber wer so dachte, war schief gewickelt. Er machte die Rechnung ohne die Vorkämpferinnen der Frauenbewegung. Schon Anfang der siebziger Jahre hatten einige von ihnen im „Stern" bekannt, abgetrieben zu haben. Die Frauenbewegung, eine Initiative der Achtundsechziger, stellte nichts weniger als die Rollenbilder von Frau und Mann in Frage. Von ihrer Saat erntete erstmals die Generation der Babyboomer. Die Frucht hieß Bewegung, Aufbruch, Unsicherheit, bis hin zu Ratlosigkeit. Denn auf das, was jetzt kam, waren wir Babyboomer-Männer nicht gefasst.

Über Erich Fromms Bücher „Haben oder Sein" und natürlich „Die Kunst des Liebens" konnten wir Männer noch hinweglesen, weil sich das gut anhörte, aber uns nicht wirklich zu betreffen schien. Aber dass eine Germanistik-Studentin mit Namen Svende Merian den „Tod des Märchenprinzen" verkündete und das in einer Auflage von einer halben Million Exemplaren, war Ausdruck einer Revolution. Svende erzählte auf fast 350 Seiten die Geschichte einer gescheiterten Liebe – gescheitert deshalb, weil ihr Freund Arne, wie sie jetzt zu erkennen glaubt, ein Macho war. Am Schluss nennt sie ihn einen „ganz normalen Mann", angeblich einer wie alle Männer, auf jeden Fall ein netter Kerl. „Freiheit statt Chauvinismus!" lautete der Kampfruf am Schluss des Buches.

Auch Wilfried Wieck traf den Nerv der Zeit, als er behauptete: „Männer lassen lieben." Keine Ahnung, wie viele Exemplare er davon verkauft hat, ich besitze eines aus der zwölften Auflage, 213. bis 262. Tausend. Demnach ist Kraftlosigkeit die Grundlage für männliches Schweigen. Wir Männer gehen Konflikten aus dem Weg. Eine Beziehung zwischen Mann und Frau ist nicht einfach da, sondern muss geduldig aufgebaut werden. Wir Männer haben Angst vor dem freien Stehen auf eigenen Füßen. Wir müssen hart an uns arbeiten und dabei die Hilfe unserer Partnerin suchen. Ohne die Frau schaffen wir es nicht.

In sexuellen und erotischen Beziehungen ist der Mann besitzergreifend, weil er verhindern will, eingesperrt zu werden. Dabei braucht er die Frau. Er will nicht, dass sie aktiv ist, Freundinnen und Freunde hat. „Wer seine Schmerzen nicht unterdrückt, kann versuchen, der zu werden, der er noch nicht ist."

Männer sprechen nie von sich selbst, immer von Leistungen, Erfolgen, Siegen, Projekten, Aktionen, Initiativen. Wir streiten mit unserer Partnerin, setzen uns aber nicht mit ihr auseinander. Ein Gespräch zwischen Mann und Frau ist ein Kunstwerk, kein Pfusch. Wilfried Wieck zitiert Erich Kästner, der dichtete: „Ach, unsere Seelen sitzen wie auf Stühlen und sehn der Liebe zu."

Ich erwähne Wiecks Buch als ein Beispiel von vielen. Andere Babyboomer gerieten an andere. Die Lektüre von „Männer lassen lieben" versetzte mich in einen Zustand der Lähmung – nicht, weil ich mich ertappt, sondern weil ich mich in meinem Weltbild erschüttert fühlte. Ich glaube, so erging es vielen Frauen unter den Babyboomern, die ihre Kraft in einem solchen Buch, und vielen Männern unter den Babyboomern, die ihre Ohnmacht entdeckten.

Die Generation Golf wurde mit dem selbstverständlichen Bewusstsein groß, dass Frauen stark und Männer schwach sein können. Herbert Grönemeyer fragte rechtzeitig in seinem besten Lied: „Wann ist ein Mann ein Mann?" Wir Babyboomer kommen noch aus einer Zeit, als keiner und keinem eine solche Frage eingefallen wäre, jedenfalls den meisten von uns nicht.

Auch was die Geschlechterrollen von Mann und Frau angeht, sind wir Babyboomer eine Generation im Übergang. Bekannte und unbekannte Lebensentwürfe stehen unverbunden nebeneinander. Silke hätte ein Leben an meiner Seite als Hausfrau und Mutter – wenn ich sie denn darum gebeten hätte – akzeptiert und ausgestaltet. Heidi wäre – hätten wir uns auf einen gemeinsamen Weg gemacht – trotz ihres Kindes bald die Decke auf den Kopf gefallen. Heute arbeitet sie als Anwältin und jettet durch die Welt und hat ganz selbstverständlich kein schlechtes Gewissen ihrer Tochter gegenüber. Frauen unserer Generation wollen Kinder und sie wollen arbeiten.

Babyboomer sind heute verheiratete Familienmütter und -väter, Alleinerziehende oder – ermutigt durch spätere, jüngere – bekennende Lesben und Schwule. Wir Babyboomer haben ein schlechtes Gewissen und wir haben Mut zugleich. Wir vergessen unsere Herkunft nicht. Sie steht uns im Weg, wir übergehen sie, aber wir tun es mit Skrupeln.

Frauen unserer Generation sind heute Mitte vierzig und noch nicht oder nicht mehr verheiratet. Männer auch. Wir Babyboomer sind die erste Generation mit vielen Singles, unfreiwilligen oder freiwilligen. Wir haben wechselnde Beziehungen, aber nicht mit einer Ex- und Hopp-Mentalität, sondern weil wir uns mit Bindungen schwer tun. Ein Leben lang fragen wir uns, was der richtige Lebensentwurf ist. Der in der alten Zeit vorgelebte? Der in der neuen Zeit entdeckte? Weil wir es nicht wissen, probieren wir uns ständig aus.

Viele Babyboomer tun sich auch mit der Verantwortung als Mutter und Vater schwer. Ich habe oft den Satz gehört: „Ich will keine Kinder in diese Welt setzen." Ein Babyboomer, der so etwas sagt, denkt nicht daran, wieviel ein Kind bis zu seiner Volljährigkeit kostet und wie viele Mauritius-Urlaube es verhindert. Er denkt an seine eigenen Kämpfe unter den Vielen; und er denkt an die Schwierigkeit, diesem Kind oder diesen Kindern eine Zukunft vorauszusagen. Sind die gesellschaftlichen Verhältnisse kinderfreundlich genug? Zu der Zeit, als die Babyboomer groß wurden, waren sie es nicht. Viele Babyboomer verzichten auf Kinder aus – wie sie es empfinden – Verantwortungsgefühl.

Die Achtundsechziger setzten sich in ihrem Beziehungsverhalten von ihrer spießigen Nachkriegserziehung ab. Aus Überdruss, im Erleben ihrer Eltern und Großeltern, sagten sie dem klassischen Familienmodell adieu. Auch wir Babyboomer sagten „adieu", aber nicht aus Überzeugung, sondern aus Verwirrung und Ratlosigkeit.

Manche Babyboomer unter uns leben die alte, manche die neue Zeit. Wir nehmen in Beziehungen unsere Eltern zum Vorbild oder wir grenzen uns von ihnen ab. Das macht es so schwer, uns Babyboomer als Gruppe zu fassen. Dabei leben wir das, was eine Generation des Übergangs leben kann.

Wir Babyboomer haben ungefähr 100 Jahre lang die Schulbank gedrückt. Als wir – wie heißt es so schön? – eingeschult wurden, in Klassen mit 35 oder 40 Schülerinnen und Schülern, herrschte noch der Muff des Ludwig-Erhard-Deutschlands. (Für Angehörige der Generationen Ally und Praktikum: Ludwig Erhard war ein deutscher Bundeskanzler, der noch vor Gerhard Schröder Zigarren rauchte.)

Unsere Lehrerinnen trugen grau-braun karierte Röcke und alte Jungfern-Blusen, die Lehrer Cord-Anzüge und breite Krawatten. Am Ende unserer Schulzeit durfte nur noch Lehrer werden, wer in Jeans und Turnschuhen in den Unterricht kam. Die frühere Autoritätsperson war zum guten Typen mutiert. Um seine Schülerinnen zu beeindrucken, schloss unser Physiklehrer seine Autotür mit dem Po.

Im ersten Klassenzimmer meines Lebens hing über der Schultafel ein Ölbild, Motiv „Bauern auf dem Feld" oder so ähnlich. Wir Schüler kamen in „abgetragenen" Klamotten in den Unterricht, sprich Pullover und Hose hatten schon unsere älteren Geschwister oder ferne Verwandte angehabt. In der „großen Pause" kurz nach neun kauften wir für 20 Pfennige eine Milch im Tetrapack (was damals noch nicht so hieß) und eine Brezel.

Das fühlt sich in der Erinnerung muffig an, aber es war für uns Babyboomer kein schlechter Start. So massenhaft wir auftraten, kamen doch alle in der Schule unter. Wer lernen und eine Realschule oder ein Gymnasium besuchen wollte, hatte die Chance dazu.

Und weil wir so viele waren, kamen Gefühle von Unterlegensein oder Überlegenheit gar nicht erst auf. Seht euch die Klassenfotos aus unseren ersten Schuljahren an – kein Hinweis darauf, ob der Vater viel oder wenig Geld verdient.

Kein Wettbewerb um feine Pullovermarken und die schönsten Funkelsteine in der Nase.

Willi und Roland kamen aus der größten Familie im Dorf, elf Kinder, einfache Verhältnisse. Das wussten wir, aber es machte uns nichts aus. Unseren Lehrern auch nicht. Sie unterstützten die zwei nach Kräften, trotzdem mussten sie später auf die „Hilfsschule", wie es bei uns noch hieß, wechseln. Willi und Roland hatten keine Eltern, die ihnen bei den Hausaufgaben hätten helfen können, und eine Schülernachhilfe-Industrie gab es damals noch nicht.

Wenige Wochen nach dem ersten Schultag wurden unserer Lehrerin mehrere Kugelschreiber geklaut. Der Dieb, ein Mitschüler, kam aus gutem Hause. Seine Eltern besaßen einen schicken Siebziger-Jahre-Bungalow. Aber es spielte keine Rolle. Dieser Schüler war in der Klasse „unten durch", das Kainsmal eines Diebes wurde er nie wieder los.

Seine Eltern erstatteten den Betrag für den Kugelschreiber in bar. Von dem Geld kaufte unsere Lehrerin Schokolinsen, mit der sie eine gute Leistung im Unterricht belohnte. Manche von uns mochten nur die weißen Linsen, andere die in Rosa.

Das Prinzip von Strafe und Belohnung kannten wir Babyboomer von zu Hause, und wir akzeptierten es ganz selbstverständlich im Kindergarten und in der Schule. Wenn ein Schüler drei Tage ungewaschen in den Unterricht kam, packte ihn die Hausmeisterin ganz wörtlich am Schopf und wusch ihm – wieder ganz wörtlich – den Kopf. Unsere Lehrerin öffnete einmal im Monat unsere Ranzen (Farbe dunkelbraun, wie zuvor schon das Kindergarten-Täschchen) und drehte sie ohne hineinzusehen um – lieber einmal zu viel als einmal zu wenig aufgeräumt.

Unseren Lehrern rutschte gelegentlich die Hand aus, und diese Ohrfeigen taten lange weh. Aber wir akzeptierten sie und unsere Eltern auch. Unsere ersten Lehrer machten uns noch Angst und Freude zugleich. Als eine unserer Lehrerinnen einmal ernstlich krank wurde und erst nach Wochen in die Schule zurückkehrte, passten wir sie im Flur ab und klatschten heftig in die Hände.

Nach der Grundschule kam ich aufs Gymnasium, weil mir meine Eltern – wie viele Mütter und Väter von Babyboomern – die beste Schulbildung ermöglichen wollten. Ich bin ihnen im Nachhinein unendlich dankbar dafür. Unsere Generation profitierte vom ersten PISA-Schock in den sechziger Jahren, als schon einmal das Wort von der „Bildungskatastrophe" die Runde machte. In unserer Generation war auch Schluss mit dem Diktum, dass Töchter oder Söhne einen „ordentlichen Beruf" ergreifen sollten. Bei den Jungs war das häufig der Lehrberuf des Vaters gewesen, bei den Mädchen und künftigen Müttern eine kurze, weil eigentlich nicht notwendige Ausbildung.

Für die Jungs war die Tür zu höheren Schulen schon etwas länger offen gewesen als für Mädchen. Aber jetzt durften auch massenhaft Mädchen auf das Gymnasium gehen und damit die Bildung ihrer Eltern überflügeln. Das hat die Gesellschaft, glaube ich, ziemlich verändert.

In Heerscharen fielen wir Babyboomer in die Realschulen und Gymnasien ein. Häufig besuchten wir Schulen, die es noch gar nicht gab – das Gebäude der Realschule oder des Gymnasiums stand erst im Rohbau, vorläufig dienten Räume im Feuerwehrgerätehaus oder in der Volkshochschule als Klassenzimmer.

Sogar auf dem Land, wo der Beton unseres Schulhauses gerade trocken war, gab es, als ich in „die Fünfte" kam, fünf fünfte Klassen. Klasse 5a bis 5e. Als ich kürzlich inkognito durch das Schulhaus schlenderte, um einmal mehr nach meinen Wurzeln zu suchen, erlebte ich eine böse Überraschung: Der Trakt für die früheren Fünftklässler gehört nicht mehr zum Gymnasium, sondern wird untervermietet – an die örtliche Volkshochschule.

Trotz der vielen Schulklassen war eine einzelne immer

noch viel zu groß. Bei 35 Schülerinnen und Schülern kam dem Sitzplatz im Klassenzimmer eine große Bedeutung zu. Wer in der ersten Reihe saß, bekam alles mit, aber leider auch die Spucke der Lehrerin ab. Und schon zu unserer Zeit hat gelegentlich das Deodorant versagt. Doch wer hinten saß, war mit so vielen Köpfen vor ihm – ganz wörtlich – abgehängt. Ich erinnere mich an Mitschüler, die in der letzten Bankreihe eingeschlafen sind.

Die Erfahrung der Masse machten wir auch, als wir zu Beginn des Schuljahres in das einzige Schreibwarengeschäft im Ort gehen wollten. In diesen Tagen erkannte man den Laden schon von weitem an der Menschentraube, die aus seiner Tür über den Parkplatz bis hin zur Straße quoll.

Wir Babyboomer bekamen unsere Schulbücher entweder von der Schule gestellt oder die Eltern kauften sie für uns. Bücher der Schule waren vollgemalt mit Sprüchen (leider selten mit der Lösung einer Rechenaufgabe) und veraltet, etwa der unvermeidliche, nie benutzte Diercke Weltatlas, den ältere Babyboomer noch in kackbraun, jüngere in tintenblau kennen. Die meisten von uns durften die Bücher selbst kaufen. Das hat allerdings die Schulbuchverlage jeden Herbst aufs neue überrascht, so dass die Wartezeit auf ein Grammatik- oder Vokabelheft bis zu einem Vierteljahr betrug.

Immerhin hatte sich der Laden rechtzeitig mit Heftumschlägen in bunten Farben eingedeckt. Die Lehrer gaben uns jeweils die Farbe für ihr Fach vor. Aber Rot ist natürlich nicht gleich Rot. Ob ein Rot noch ein Rot oder schon ein Rosa ist, bestimmte unsere Gespräche in der Warteschlange.

Jeder Babyboomer könnte eine Ausstellung mit Schulsachen machen, die er für viel Geld der Eltern gekauft, aber nur wenige Wochen seines Lebens benutzt hat. In meine Ausstellung käme eine Schachtel „Mengenlehre"-Farbklötze, ein Zirkel-Set (zum Malen von komischen Kreisen), ein Rechenschieber, ein Texas-Instruments-Taschenrechner (war nach vier Wochen kaputt), die Englisch-Sprachplatten („This is a dog. This is a cow.") und natürlich das Englisch-Wörterbuch, das die Wörter nicht ins Deutsche übersetzte, sondern nur auf Englisch umschrieb.

Keine Frage, unsere Schulpolitiker und unsere Lehrer und unsere Eltern taten viel dafür, dass wir Babyboomer zur gebildetsten Generation der Nachkriegszeit wurden. Wir können einen geraden Satz schreiben und wissen, wo ein Komma hingehört. Wir haben keine Pauker mehr erlebt, aber zum Beispiel deutsche Grammatik gepaukt. Vielleicht halten wir auch deshalb so sehr an der alten Rechtschreibung fest – für uns ist sie ein Kulturgut, mit dem wir zwar so manche schlechte Note, aber auch Sicherheit und Orientierung verbinden. Leider darf dieses Buch nicht in alter Rechtschreibung erscheinen. Bei Lesungen halte ich mich auf jeden Fall an die alte!

Republik in Schwarz-Weiß

Diese Republik wollte nicht erwachsen werden. Als unsere Volksvertreter 1992 den neuen Plenarsaal bezogen, fiel die Mikrofonanlage aus. Schweigen. Der stumme Schrei einer Demokratie, die ihre frühere Behaglichkeit zurückverlangte. Wir Babyboomer haben von dieser Behaglichkeit noch eine Vorstellung, als Letzte. Denn wir sind die letzte Generation der alten Bundesrepublik.

Diese Bundesrepublik war eine Demokratie in Schwarz-Weiß und so bleibt sie uns in Erinnerung. Noch viele Jahre nach Einführung des Farbfernsehens sendeten die Kameras aus dem Deutschen Bundestag in Schwarz-Weiß. Die Abgeordneten liebten das Medium ohnehin nicht, eine Zeit lang hatten sie das Fernsehen sogar komplett ausgesperrt. Als im September 1979 endlich von Schwarz-Weiß auf Farbe umgestellt wurde, richtete Bundestagspräsident Richard Stücklen an die Abgeordneten die Bitte, „sich künftig so zu kleiden, dass Sie auch in Farbe ein gutes Bild abgeben".

Viele von uns Babyboomern haben auf Klassenfahrten den alten, engen Plenarsaal besichtigt. Im Fernsehen wirkte der von einem Bundesadler, genannt „fette Henne", dominierte Raum weit und groß, in Wahrheit probten die Abgeordneten spätere Zuchtbedingungen für Hühner. Die Republik gab sich im Anspruch ehrgeizig, im Auftritt bescheiden – sie wollte eine Demokratie sein, die diesen Namen verdient, aber ihre vorläufige Konstruktion sollte einer Vereinigung von Ost- und Westdeutschland nicht entgegenstehen.

In den sechziger Jahren wurden der Architekt Egon Eiermann und andere gebeten, klammheimlich ein Regierungszentrum zu entwerfen. Ihre Pläne gelangten natürlich an die Öffentlichkeit. Wie die deutsche Frage „offenhalten", wie es im Politiker-Mund jener Zeit hieß, wenn eine Regierung nicht mehr in Berlin, sondern in Bonn säße? Der Plan verschwand in der Schublade. Es entstand nur ein Hochhaus für die Abgeordneten, der „Lange Eugen“, benannt nach dem Bundestagspräsidenten Eugen Gerstenmaier. Wir Babyboomer durften uns darin als Schüler umsehen – und waren fasziniert davon, dass die Sitzungsräume der Fraktionen genau so aussahen wie im Fernsehen.

Den Bau des „Langen Eugen“ haben wir noch nicht bewusst mitbekommen, aber immerhin wuchsen wir mit dem neuen Bundeskanzleramt auf. Der damalige Regierungschef Helmut Schmidt, der erste Bundeskanzler von uns Babyboomern, hat es 1975 bezogen. Er hielt es für das zu groß geratene Gebäude einer Sparkasse und er hatte recht damit. Regieren in Deutschland (West) bedeutete Akten zu studieren, Aufgaben zu erledigen und Rechenschaft abzulegen, ohne jedes Pathos. Als Schüler standen wir vor dem Zaun rund um das Amt, an dem ein gewisser Gerhard Schröder kurz zuvor gerüttelt und „Ich will hier rein“ gerufen haben soll.

So geschäftsmäßig wie das Bürogebäude des Bundeskanzlers erschien uns Babyboomern der ganze politische Betrieb. Wie hätten wir auch einen anderen Eindruck haben können? Wir profitierten von der politischen Stabilität, zu der die Bundesrepublik Deutschland inzwischen gefunden hatte. Die Politiker stritten sich im Parlament und in den Medien, es gab gelegentlich Streiks wie den der Fluglotsen im Jahr 1973, im Jahr darauf war sogar der charismatische Bundeskanzler Willy Brandt zurückgetreten – aber diese Vorgänge brachten uns nicht darauf, das „System“ Bundesrepublik zu kritisieren, geschweige denn in Frage zu stellen, so wie das die Achtundsechziger und ihre „Zaungäste“ getan hatten. Wir waren von den Folgen der Achtundsechziger, zu denen ja auch ein Terrorismus von wenigen gehörte, verunsichert. Und wir profitierten ganz wörtlich von diesem System, das sogar für uns Viele Schulen, Lehrstellen und Studienplätze schuf.

Wir hatten auch erlebt, dass es unseren Müttern und Vätern wirtschaftlich immer besser ging. Seit wir Babyboomer denken können, ist der Wohlstand in den Familien, in denen wir groß wurden, von Jahr zu Jahr gewachsen. Die Löhne stiegen, immer neue Luxusartikel wie Waschmaschine und Fernseher füllten die Wohnungen, Urlaube gingen in immer fernere Länder. Viele Väter von uns Babyboomern, deren eigene Väter noch arm gewesen waren, pflegten Geldscheine im Brustfach ihres Hemdes zu tragen und die Münzen in der Hosentasche. So zeigten sie ihren sozialen Aufstieg her.

Die Wirtschaft boomte. Wenn die Verkaufsumsätze unserer Väter stimmten (und das war in den sechziger und siebziger Jahren nicht so schwer wie vorher und später), wurden sie von ihren Firmen zu teuren Essen oder Reisen eingeladen. Mein Vater bekam eine Zeit lang sogenannte Bonuspunkte – er konnte für ihren Geldwert kaufen, was er wollte.

Einmal wurde er mit Kolleginnen und Kollegen in die „Ente" in Wiesbaden eingeladen, ein supervornehmes Restaurant am Platz. Sein Chef ließ, für jede Frau und jedermann sichtbar, eine der Porzellan-Enten, die auf den Tischen standen, mitgehen. Das galt damals als Kavaliersdelikt.

Den sozialen Systemen ging es so gut, dass sogar Missbrauch bezahlbar war. Ich kannte einen Arzt, dem Freunde und Bekannte gelegentlich „Krankenscheine" zusteckten, die Vorläufer der Plastikkarte. Wer zum Arzt ging, musste einen solchen Schein mitbringen. Die Ärzte füllten die Blanko-Krankenscheine komplett selbst aus und reichten ihre „Behandlung" zur Honorierung bei der Kasse ein.

Es gab zwar zuweilen Warner, aber die wurden überhört und handelten selbst nicht konsequent. Helmut Schmidt las den Deutschen in seiner ersten Regierungserklärung 1974 die Leviten, was ohne Wirkung blieb. Schmidt selbst hat die weitere Entwicklung der Löhne und Renten sehenden Auges zugelassen.

Ein im Auftritt bescheidenes Land, das von Managern effizient regiert wird und dabei klammheimlich wirtschaftliche Triumphe feiert – das „Modell Deutschland" stand, als wir Babyboomer politisch wach wurden, im Zenit seines Erfolges. Das „Modell Deutschland" sorgte für eine Loyalität der Massen zur Republik, so lange es nur wirtschaftlich immer weiter bergauf ging. Alle, auch wir heranwachsenden Babyboomer, wünschten uns, dass es immer so weitergehen würde. Politik und Wirtschaft sollten nur etwas mehr auf den Umweltschutz achten und die Kernkraftwerke durften natürlich keinen Ärger machen.

Wir Babyboomer erlebten nicht mehr die Aufbauer dieser Republik, aber diejenigen, die Beton in ihr Fundament gossen – Carlo Schmid saß noch lange auf SPD-Parteitagen, Ludwig Erhard auf denselben Veranstaltungen der CDU, Herbert Wehner konnte sich in der „Troika" mit Willy Brandt und Helmut Schmidt bis 1982 als SPD-Fraktionsvorsitzender im Deutschen Bundestag halten.

Für uns Babyboomer war es ein Signal, dass Franz Josef Strauß 1980 Kanzlerkandidat von CDU und CSU werden konnte. In einer Nacht der langen Messer hatte sich Strauß gegen den Kandidaten Ernst Albrecht, den Vater der heutigen Familienministerin Ursula von der Leyen und seinerzeit Ministerpräsident von Niedersachsen, durchgesetzt. Die Linke lief Sturm gegen einen Mann, der wie wenige andere die Glaubwürdigkeit der Politik nach 1949 erschüttert hat. Jetzt wirkte Franz Josef Strauß – ich erwähnte es schon – milde und gereift wie die ganze politische Kaste dieses Landes.

Franz Josef Strauß war ein unruhiger, auch unberechenbarer Geist, aber er stand für die Kontinuität dieser alten Bundesrepublik, deren politische Kaste seit den frühen und mittleren sechziger Jahren politische Verantwortung trug. Es war die Generation der nimmer endenden Amtszeiten, deren prominentester Vertreter Helmut Kohl und Johannes Rau wurden.

Das nächste politische Großereignis, die deutsche Wiedervereinigung, nahmen wir Babyboomer – wie schon an anderer Stelle erzählt – mit Freude auf, aber nur als Zaungäste. Es ging nicht um uns. Unsere Freude war ehrlich, denn die Wiedervereinigung schickte sich an, das „Modell Deutschland" auf das Gebiet der früheren DDR zu übertragen.

Eine erste Verstörung setzte ein, als Berlin zur neuen Hauptstadt des vereinigten Deutschlands erklärt wurde. Die Bonner Lobby und Freunde der alten, bescheidenen, auch etwas kleinkarierten Bundesrepublik unterlagen, und das wahrscheinlich mit guten Argumenten. Doch jetzt mussten auch wir Babyboomer erkennen, dass sich diese Republik, ob wir es wollten oder nicht, in ihren Grundfesten verändern würde.

Zu jung, um selbst schon zum Zug kommen zu können, sahen wir die Achtundsechziger ein neues Berlin beziehen. Keine Bundesregierung vorher und nachher war so sehr von einer bestimmten Generation dominiert wie die von Gerhard Schröder nach seinem Wahlsieg 1998. Wahrscheinlich lag dies an dem starken Nachholbedarf, den diese Generation nach so vielen Jahren einer Kohl-Regierung hatte. Dabei war Gerhard Schröder, als er mit seinen Genossen das Ruder übernahm, schon im fortgeschrittenen Alter. Die Achtundsechziger hatten die alte Bundesrepublik verändert und mit einem neuen, vereinigten Deutschland nichts am Hut. Aber Helmut Kohl, dessen Zeit eigentlich Ende der achtziger Jahre abgelaufen war, konnte sich dank der Wiedervereinigung länger an der Macht halten als jeder Bundeskanzler vor ihm. Die Ostdeutschen wünschten sich rasch materiellen Wohlstand und trauten Kohl zu, ihnen diesen Wohlstand zu bringen.

Viel zu spät, 1998, kamen die Achtundsechziger mit Gerhard Schröder an die Macht. Während er regierte, entstand ein – noch unter Helmut Kohl geplantes – gigantomanisches Regierungszentrum, in dem sich ein Babyboomer, der noch die Bonner Verhältnisse kennt, nicht mehr zurechtfindet. Sei es, dass es die Regierungen Kohl und Schröder so wollten, sei es, dass ein Beamtenapparat, wenn er erst einmal eine neue Hauptstadt plant, nicht mehr zu stoppen ist – im neuen politischen Berlin kommen mir Menschen wie Zwerge vor. Die Maßlosigkeit des Berliner Hauptbahnhofs steht für eine mögliche Weltstadt Berlin, die ich als Babyboomer wahrscheinlich nicht mehr erleben werde. Und ich bin erst Mitte vierzig.

Während Gerhard Schröder regierte, ging die alte Architektur der Mächte vollends zu Bruch und damit die gemütliche Rolle Deutschlands, politisch schwach sein zu müssen, aber wirtschaftlich davonziehen zu dürfen. Zugleich kam jetzt die Wiedervereinigung richtig teuer, mit dem Jahr um Jahr erwarteten Wohlstandszuwachs aller Deutschen war endgültig Schluss.

Am 14. März 2003 verkündete Gerhard Schröder das Ende des „Modells Deutschland“, mit seiner „Agenda 2010“. Als erster Regierungschef musste er den Bürgerinnen und Bürgern nicht nur die Wahrheit sagen, sondern diese Wahrheit auch vollziehen. Er tat es nicht gern, gab sich angestrengt und steif, sich selbst in einer solchen Rolle unbekannt. Zugleich wirkte er, der jetzt eine verkappte Blut-, Schweiß- und Tränen-Rede hielt, etwas verloren in diesem frisch renovierten, schicken, großen Plenarsaal des Reichstages, der für ein reiches, sorgenfreies Gemeinwesen stand.

Gerhard Schröder sagte nichts weniger, als dass sich der Staat aus seiner klassischen Rolle, für arbeitslose Bürgerinnen und Bürger aufzukommen, spürbar herausstehlen würde.

Nein, wir Babyboomer werden in dieser Republik keine politische Rolle mehr spielen, vielleicht ein paar von uns, aber wir als Generation nicht. Wir sind nicht gegen die Berliner Republik, auch wenn sie, was wir ihr übelnehmen, die versprochene Rente durchgebracht hat. Sie geht uns aber auch nicht zu Herzen.

Wir werden aus den Sozialsystemen dieses Landes so viel wie möglich herausholen, so lange es geht. Den Umbau dieser Systeme sollen Jüngere besorgen.

Als unsere Englischlehrerin mit dem Plattenspielerkoffer in der Hand das Klassenzimmer betrat, war das ein historischer Augenblick.

Es hat nur keiner gemerkt.

Die Frau, eine Pädagogin auf dem Stand der Fünfziger, wollte der Moderne begegnen. Sie gab endlich unserem Drängen nach, einen Popsong im Englischunterricht zu besprechen. Birgit brachte hierzu ein ziemlich abgespieltes Exemplar der Supertramp-Platte „Crime of the century" mit, die mit dem Gitter und den zwei Händen auf dem Cover. Unter den Stücken wählten wir – natürlich – „School" aus, das schönste Lied der Gruppe überhaupt.

Schon die Entscheidung unserer Lehrerin, diesen zweifelhaften Lehrstoff auf eine letzte, also müde Schulstunde kurz vor Mittag zu legen, machte uns stutzig. Vielleicht war es mit der neuen Offenheit doch nicht weit her? Es kam, wie es kommen musste: Die Frau fasste die Supertramp-Scheibe an, als habe sie Plutonium zwischen den Fingern. Mit strenger Miene ließ sie das lange musikalische Vorspiel und die ersten Strophen von „School" über sich ergehen. Wir Schüler begannen uns einzuwippen und mehr als sonst auf den Text zu achten.

Mitten im anschließenden Klavier-Solo, dem besten Pop-Klavier-Solo aller Zeiten, diesen wunderbaren zwei Minuten, bevor das Lied eine andere, lautere Wendung nimmt, holte die Lehrerin den Tonarm vom Plattenspieler und steckte ihn auf den Halter. Aus. Stille. Und nach einer Pause fragte sie in die Klasse hinein: „Does anybody know what the Golden rule is?" (Kurz zuvor hatte es im Liedtext geheißen: „You have to learn the Golden rule.")

Mitten im Stück. Mitten im Klavier-Solo. Einfach so gestoppt. Wie kann jemand einem Pop-Song so etwas antun?

Wir reagierten geschockt. Der Schock entlud sich in lauten Ooooch-Rufen. Wir waren tief enttäuscht. Diese Frau hatte nichts, aber auch gar nichts kapiert. Sie kapierte auch nicht, weshalb die Diskussion über das Lied nicht in Gang kommen wollte. Wir hatten uns doch eine Englischstunde über einen Pop-Song gewünscht und sie hatte es möglich gemacht!

Diese Frau stand für eine andere Zeit; eine Zeit, die wir Babyboomer zwar noch erlebt, aber nicht mehr zur unseren gemacht haben. In dieser Unterrichtsstunde prallten eine alte und eine neue Zeit aufeinander. Meistens verläuft so ein Übergang fließend, aber manchmal verdichtet sich der Konflikt in einer Situation, in einem Augenblick. Einem wie diesem.

Wie kam es zu diesem Bruch zwischen Alt und Neu, zu diesem Nichtverstehen zwischen Generationen? Wir Babyboomer waren doch nicht auf Rebellion aus, schon gar nicht gegen die Schule, die uns das Bestehen in der Masse lehren sollte!

Wir waren einfach zu viele. Die Gesellschaft sah an den Babybäuchen unserer Mütter, dass wir kommen würden, aber sie war auf die Masse nicht vorbereitet, auch das System „Schule" nicht. So viele neue ABC-Schützen hielt es auf Dauer nicht aus. Alleine damit, dass wir täglich scharenweise Klassenzimmer, Schulsporthallen und Pausenhöfe füllten, krempelten wir dieses System völlig um.

Für unsere Eltern war die Hauptschule noch die „Volksschule", sprich die Schule der meisten, gewesen. Für uns Babyboomer wurden Realschule und Gymnasium zum gängigen Schultyp.

Plötzlich brauchten die Oberschulämter Tausende von neuen Lehrerinnen und Lehrern, die frisch von den Pädagogischen Hochschulen kamen, dort aber nie etwas von Pädagogik gehört hatten. Mangels Lebenserfahrung und besseren Wissens beschlossen sie, gute Menschen zu sein. Mit heißen Herzen traten sie an, uns Schülern ihre eigene öde Schulzeit zu ersparen.

Die älteren Lehrer fuhren Mercedes, billige zwar, schwach motorisierte wie den 200 D, aber Mercedes. Die jungen kamen im VW Käfer. Häufig bildeten sie Fahrgemeinschaften, um Benzin und Geld zu sparen.

Die älteren Lehrerinnen trugen goldene Broschen am Wollpulli, der aus einer bürgerlichen Boutique stammen musste. Die jungen Lehrerinnen trugen ebenfalls Pullover, aber selbstgestrickte und häufig weitmaschig, so dass wir Schüler den BH darunter sehen konnten.

Vom Privatleben unser älteren Lehrer wussten wir nichts, waren uns aber sicher, dass in ihrem Bett nichts mehr laufen würde. Die jungen Lehrer luden uns sogar zu sich nach Hause ein.

Unser Englischlehrer in der Oberstufe, einer vom alten Schlag, fuhr mit uns nach Florenz, weil er selbst wieder einmal nach Florenz fahren wollte. Ich erinnere mich noch gut daran, dass ich ihn fragte: „Was ist denn an Florenz so Tolles?“ Heute tröste ich mich, dass meine Nichtbildung eine kollektive war, denn auch meine Mitschüler verbanden mit Italien vor allem den Strand von Milano Marittima.

Die jungen Lehrer fuhren mit uns nicht nach Florenz, sondern zum Colatrinken nach Heidelberg.

Diese Heidelberg-Fahrt verdanke ich dem früheren Referendar und Lehrer in Gemeinschaftskunde und Sport, Winfried Hermann. „Früherer“ deshalb, weil er inzwischen das Klassenzimmer gegen den Plenarsaal des Deutschen Bundestages eingetauscht hat. Seine am meisten beobachtete Tat: Als Bundestagsabgeordneter organisierte er – allerdings vergeblich – den Widerstand der grünen Regierungspartei gegen Auslandseinsätze der Bundeswehr.

Winfried Hermann ist der einzige Promi, von dem ich

sagen kann, ich habe ihn noch, was den Lebensweg angeht, in kurzen Hosen erlebt.

Zugleich wurde er für mich zum Beispiel für die neue Lehrergeneration schlechthin.

Engagiert übernahm er unsere Klasse in Gemeinschaftskunde und Sport, um seine letzte Prüfung als Referendar zu machen. Er war ein guter Typ. Zu keiner Zeit hängte er seine Rolle als Lehrer heraus. Auch in den Pausen nahm er sich Zeit für unsere Fragen und schleppte auch schon mal Bücher von zu Hause an, wenn Neugierige ein Thema vertiefen wollten.

Wie die meisten Junglehrer dieser Zeit stand er politisch links und behielt das auch nicht für sich. Das Spiel von Plantagenarbeitern und Plantagenbesitzern gehörte zu seinem Unterrichts-Repertoire. Auch wir durften es spielen.

Die Plantagenarbeiter ernteten Bananen, indem sie Bananen aus vorgedruckten Kartons ausschnitten, und die Plantagenbesitzer verdienten Geld, indem sie mit diesen Bananen handelten. Die Spielregeln sorgten dafür, dass die Arbeiter immer mehr Bananen immer schneller ausschneiden mussten, während die Besitzer immer reicher wurden (und dafür Geld aus ebenfalls vorgefertigten Kartons schnitten). Am Ende der Doppelstunde wussten wir Schüler, nach welchen Gesetzen sich die Welt dreht: Vom Schnippeln erschöpfte Bauern empfanden Wut gegenüber selbstgefälligen, ausgeruhten Großgrundbesitzern. Wir Schüler empfanden – zum ersten Mal – Macht und Ohnmacht geradezu körperlich. Zugleich fragte ich mich, ob ein Lehrer so etwas mit mir machen darf. Kann so nicht auch zum Hass erzogen werden?

Doch nicht wir Schüler sagten diesem weltverbesserischen Jungspund den Kampf an, sondern sein zeitweiliger Chef, der Direktor unserer Schule. Der war nun wirklich aus anderem Holz (oder muss man sagen: Eisen?). Als er zur Schule ging, so wie später wir, brach der Zweite Weltkrieg aus und griff nach ihm. Er wurde zum Gebirgsjäger ausgebildet, durchquerte als Soldat halb Europa und fand sich 1945 als Leutnant und Kompanieführer in Württemberg wieder. Jetzt holte er sein Abitur nach und studierte, um Lehrer zu werden. Als Lehrer predigte er Tugenden wie Leistungsbereitschaft und Selbstdisziplin – Eigenschaften, die ihm selbst von früh an sein Leben meistern halfen.

Gelegentlich predigte dieser Direktor allerdings nicht, sondern schrie. Er betrat ein Klassenzimmer, schrie, sagte „no comment" und ging. Unser Gymnasium wurde wegen dieses Mannes das „Filder-KZ" genannt.

Auf diesen Direktor traf Winfried Hermann, und beide hatten nichts miteinander zu reden, geschweige denn zu lachen. Der Direktor sah in dem Referendar einen vom System unverdient hereingespülten Nichtskönner, der in seinem Leben noch nichts geleistet hatte, sich aber, weil es schick ist, eine linke Gesinnung leistete. Der Referendar hielt den Direktor für einen Übriggebliebenen einer anderen, zum Glück vergangenen, leider noch nicht überwundenen Zeit.

Bei einem der Gespräche, die nun einmal sein mussten, saß Winfried Hermann vor dem Schreibtisch des Direktors. Als er sich etwas notieren wollte, griff er nach dem obersten Blatt eines Zettelblocks, den der Direktor auf seinem Tisch stehen hatte. Der Direktor fuhr ihn an: „Wie können Sie sich hier einfach einen Zettel nehmen, es könnte doch etwas Vertrauliches draufstehen!" Der Referendar erzählte es, sichtlich betroffen, seinen Schülern. Auch er fühlte sich im Recht.

Während der „Lehrproben", Hermanns Unterrichtsstunden im Beisein des Direktors sowie Damen und Herren vom Oberschulamt, knisterte die Luft. Im Sportunterricht demonstrierte Winfried Hermann, wie man im Volleyball-Training ein Handtuch zur Hilfe nimmt. Er war nervös und der Direktor auch. Es ging um mehr als um diese letzte Prüfung.

Winfried Hermann bekam für seinen Einsatz an unserer Schule die Note drei, befriedigend. Tatsächlich bedeutete das die Note sechs, denn mit einer Drei sanken die Chancen, in den öffentlichen Dienst übernommen zu werden, auf Null.

Der Direktor ist an einem schweren Leben früh gestorben. Er bleibt uns, die wir ihn kannten und unter ihm litten, unvergessen.

Kein Babyboomer geht ohne Kloß im Magen zu einem Klassentreffen. Denn er weiß, dann fängt wieder das Vergleichen an, das Maßnehmen und Maßgenommenwerden, dem wir uns doch heute, in den Vierzigern, endlich entkommen glaubten. Falsch geglaubt. Wir können nicht aus unserer Haut. Einmal in der Masse geprägt, ist für immer in der Masse geprägt. Sie bleibt unser Maßstab. Also melden wir uns doch zum Klassentreffen an.

Zum Glück konnte ich mich auf das Ereignis intensiv vorbereiten. (Auf ein Klassentreffen bereiten wir Babyboomer uns vor wie auf einen runden Geburtstag.) Eines Tages flatterte mir eine Festschrift zum 25. Geburtstag unseres Gymnasiums ins Haus. Wer ein Babyboomer ist, freut sich auch an so mageren Jubiläen.

Eine solche Festschrift blätterst du erst einmal durch und bleibst bei den Fotos hängen. Der Umstand, dass ich die meisten Gesichter kannte, machte mir wohlige und ungemütliche Gefühle zugleich – hier war ein Teil meiner Lebensgeschichte in Bilder und Texte gebrannt, aber dieses Leben ist eben zum Teil schon – Geschichte.

Der Ach-das-ist-aus-dem-geworden-Effekt löste Herzflimmern in mir aus. Es galt Ereignissen, über die niemals ein Geschichtsbuch erzählen wird. Vera zum Beispiel, meine Blockflöten-Lehrerin, hat Rainer geheiratet, mit dem ich bei der Bundeswehr für ein paar Monate die Schreibstube geteilt habe. Inge, der ich im Französischunterricht per Zettelpost einen Beziehungsantrag machte („J' ai de la chance?"), heiratete einen jüngeren Mitschüler, an den ich mich nicht erinnern kann. Bestimmt ist das Verdrängung.

Der Lateinlehrer nach der Lateinlehrerin, in die ich mich verliebt hatte, bekam wider Erwarten eine Frau ab, ebenfalls eine Lehrerin an unserer Schule. Überhaupt erschienen mir die Lehrer, die sich für die Festschrift gemeinsam fotografieren ließen, äußerlich unverändert gegenüber früher. Ich sehe noch, wie sie vor mir gestanden haben, ich will nicht sehen, dass ihr Haar ergraut ist und die Gesichtszüge härter wurden.

Als das erste Klassentreffen ins Haus stand, bekam ich eine Liste mit Namen und Adressen meiner früheren Mitschüler zugeschickt. Voller Freude, den Kontakt wieder aufnehmen zu können, rief ich zwei oder drei von ihnen an. Die Gespräche verliefen enttäuschend. Mehr als ein „Was machst du denn so?“ und „Hast du inzwischen Familie?“ hatten wir uns nicht zu sagen. Wie auch? Wir mussten miteinander dort weitermachen, wo wir vor vielen Jahren aufgehört hatten.

Die Liste der Adressen verriet, dass die meisten Mädchen meines Jahrgangs geheiratet und den Namen ihres Mannes angenommen haben. Der „Mädchenname“ stand in Klammern neben dem neuen. Doppelnamen kamen selten vor. Keine Frage, die Engelen-Kefers und Leutheusser-Schnarrenbergers kommen aus einer früheren Generation.

Es gibt keine Frau, die ihren Familiennamen nach der Heirat behalten hat. Das war früher vom Gesetz her noch nicht möglich. Und keiner meiner Mitschüler heißt heute so wie seine Frau.

Ich ging die Liste durch – Marion war doch die Stille? Sabines Schwester war hübscher als sie. Wir sahen uns an einem einzigen Abend ein paar Mal in die Augen (worauf die ganze Familie Schlimmes fürchtete). Isabel hätte diesen Mann schon wegen seines Namens nicht nehmen sollen. Mit Martin zusammen habe ich die Beatles entdeckt. Nicole war hübsch, aber zweimal sitzengeblieben.

Silkes Name stand dort so unschuldig wie der Name all der anderen. Silke und ich haben ganz frühe Erinnerungen aneinander und das ist mir leider nicht mit vielen Menschen passiert. Auf Marc war ich gespannt. Daniela kannte ich nicht anders als mollig. Elke trug jetzt einen Doppelnamen. Das passte zu ihr. Andreas war immer auf dem Meditations-Trip. Er sagte im Unterricht kein Wort, um sich nicht aus der Ruhe zu bringen. Während der Studienfahrt nach Prag, wo es schrecklich nach Braunkohle stank, wollte er mir das Meditieren beibringen.

Werners Vater stand einmal bei uns vor der Tür, um sich über mich zu beschweren, aber meine Mutter hielt zu mir. Susanne hat einmal meine Wimpern bewundert, aber ich wusste noch nicht, was das ist, und dachte: Was kann an Augenbrauen so schön sein?

Eckhard hat mir doch Nachhilfe in Mathe gegeben? In einem Referat hat er uns einmal mit „Sie“ angeredet. Ulrich war mit einer vollbusigen Schönen liiert und fuhr einen orangenen Golf. Ich habe ihm bis heute eine Platte von Iggy Pop nicht zurückgegeben. Jens Olaf lebt jetzt in Saarbrücken. Geschieht ihm recht.

Bei Steffen habe ich nie verstanden, dass er Cornelia erobern konnte. Dirk wohnte im ersten Hochhaus in unserer Stadt. Mit Beate wollte ich ins Theater gehen, was sie mir abschlug. Für den Mann von Monika muss ein Traum in Erfüllung gegangen sein. Andreas ist bestimmt noch so verrückt drauf wie früher. Wer war noch einmal Elisabeth? Patrick legte sich immer mit unserem Englischlehrer an.

Die Erinnerungsarbeit vor dem Treffen war anregender als das Treffen selbst. Wer sich schon zu Schulzeiten leiden konnte, saß auch jetzt wieder beisammen. Und umgekehrt. Ich dachte an den Roman von der „Zeitmaschine“ – einen Abend lang drehte sich der Kalender um Jahre zurück.

Die Laune der Natur, dass Frauen schön bleiben und Männern die Haare ausfallen, findet auf jedem Klassentreffen seinen wissenschaftlichen Beweis.

Einige Mitschülerinnen und Mitschüler sagten, sie hätten mich gleich wieder erkannt, worauf ich mich fragte, ob das ein Kompliment war. Ich hatte auch das Gefühl, sie sahen mich so wie damals. Umgekehrt ging es mir bei vielen anders.

Bunte Persönlichkeiten aus den gemeinsamen Jahren waren es zum Glück geblieben. Margarete hatte – wie Ingrid Steeger – einen Indianer geheiratet, aber sich auch wieder von ihm getrennt. Patrick sprach immer noch in Rätseln, und ich konnte noch immer nicht sagen, ob er so gestrickt war oder sich nur wichtig machte.

Ich hoffte, dass Beate wegen des „Korbs", den sie mir gegeben hatte, ein schlechtes Gewissen haben würde. Zu meiner Überraschung wirkte sie den ganzen Abend lang gut gelaunt und sprach mich auch nicht auf die Sache an. Hinterher beschloss ich, dass der gemeinsame Theaterabend bestimmt dröge verlaufen wäre.

Leider sind die spannenden Figuren nicht gekommen. Peter zum Beispiel hat mir Physik und Chemie wirklich gut erklärt, aber bei Klassenarbeiten verlor er sich in einer dunklen Gedanken-Akrobatik, die meine Lehrerin überforderte. Ich erinnere mich an eine Chemiearbeit, für die ich eine Drei und Peter eine Vierkommafünf bekommen haben.

Zehn Jahre später fand das zweite Treffen nicht mehr in einem rustikalen Schützenhaus, sondern beim Edelitaliener statt. Das bessere Essen half über den schwindenden Gesprächsstoff hinweg. Einige von uns, auch ich, konnten sich an viele „Weißt du noch?"-Anekdoten schon nicht mehr erinnern. Zugleich waren die alten Bilder voneinander stärker verblasst. Sogar die Unterhaltung mit Martina, die mir einmal einen Reißnagel auf den Stuhl gelegt hatte, verlief glimpflich. Noch vier bis fünf Klassentreffen, und wir werden uns ganz gern haben.

Christine und Monika allerdings fanden das zweite Treffen so klasse, dass sie einen „Abi-84-Stammtisch" einrichteten, der immerhin von einer Handvoll Leuten besucht wird. Wie sollen wir Babyboomer, wir Heimatlosen, wir in die

Welt Verstreuten, einmal im Monat an einen Hunderte von Kilometern entfernten Stammtisch kommen?

Die Organisatoren mussten die Absurdität ihres Projektes mindestens erahnt haben. Eines Tages erhielt ich eine Einladung zum „Weihnachts-Stammtisch am 22. Dezember ab 19 Uhr, irgendwo in Echterdingen". Der Aufforderung, zwei Tage vor Heiligabend alle Echterdinger Gaststätten abzuklappern, leistete ich nicht Folge.

Aber auch wir Babyboomer sind für neue Formen von Community offen. Antje schickte mir eine Mail, eine Fertigkeit, die wir bekanntlich erst jenseits der Dreißig erlernt haben. „Hallo! Bin gerade über deine E-Mail-Adresse gestolpert und konnte nicht widerstehen, kurz mal ‚Hallo' zu sagen." So viel Zuwendung war ich von der früheren Mitschülerin gar nicht gewohnt. Und dann schrieb sie auch noch: „Wie geht es dir?"

Mails wie diese informieren meistens über den aktuellen Wohnort, den Familienstand und die Seelenlage. Manchmal kommt auch die Frage, ob ich immer noch derselbe sei wie früher. Vorsicht Falle! Sowohl das Eingeständnis wie die Beteuerung, mich geändert zu haben, können zum Kontaktabbruch führen.

Im Kunstmuseum Stuttgart stürmte ein Bulle von Mann auf mich zu und freute sich riesig über unser Wiedersehen. Ich kramte in meinem Hirn und fand keine Erinnerung an ihn. Jetzt begann das peinliche Okay-ich-sage-Dir-meinen-Vornamen-Spiel, aber auch mit Vornamen, Nachnamen und Nennung gemeinsamer Schulkameraden dämmerte es nicht. Schließlich zog der Verzweifelte seinen 15 Jahre alten Personalausweis heraus, dessen Foto auch so alt und dem früheren Mitschüler-Gesicht ähnlicher war. Ich stand weiter auf der Leitung. Wir verabschiedeten uns höflich voneinander.

Das nächste Klassentreffen droht mir in sechs Jahren. Ich werde sicher erst am selben Tag entscheiden, ob ich hingehe oder nicht.

„Haben Sie auch die Friseuse dazu?“, fragte mich die Frau auf der Kraftfahrzeug-Anmeldestelle und schickte mich zu einem Kassenautomaten, wo ich die neuen Nummernschilder bezahlen sollte.

Eine Zeit lang überlegte ich, mit einem Doppelplakat auf Brust und Rücken herumzulaufen, wie es Studenten Samstag morgens in der Fußgängerzone für Red Bull tun. Auf meine Plakate hätte ich geschrieben: „Ich fahre einen Opel Manta aus der ersten Serie. Erst der Manta der zweiten Serie ist mit seinem Prolo-Aussehen zu Recht in Verruf geraten. Fuchsschwanz und Manta-Filme gab es erst mit dem Manta der zweiten Serie.“

Weil der Text zu lang war, ließ ich die Idee mit den Plakaten wieder fallen. Und litt still an diesem folgenschwersten Missverständnis der Weltgeschichte.

Schon als Kind hatte ich für das Modell geschwärmt und daran trug der Vater eines Mitschülers Schuld. Er fuhr das einzige Exemplar im Dorf, doch er fuhr es nicht nur, sondern machte damit Wahlkampf für die FDP (damals noch F.D.P.). Auf dem Autodach war ein riesiges Megafon befestigt, von dem eine Schnur zu einem Mikrofon ins Wageninnere führte. Auf Türen, Motorhaube und Kofferraum-Deckel klebten etwa 5.000 F.D.P.-Logos. Der Mann zuckelte in diesem Manta durch die Orte und sprach dabei „Wählen Sie F.D.P.!“ ins Mikrophon und Megaphon. (Die Blues Brothers ahmten diese Methode später nach.) Die FDP stellte trotzdem nie den Bundeskanzler. Aber mir fuhr dieser Manta oft genug vor die Augen, um mich total in ihn zu verlieben.

30 Jahre später wurde bei mobile.de genau ein solches Exemplar – ockerfarben, mit schwarzem Vinyldach – angeboten. Ich beschloss, es mir „einfach nur so“ anzusehen. Bei

der Besichtigung erbat ich eine Woche Bedenkzeit, in der Hoffnung, dass die Vernunft noch über die Leidenschaft triumphieren würde. Sie tat es nicht.

Auf jeden Fall war es vernünftig, Arbeitsplätze im deutschen Kraftfahrzeugwesen zu sichern. Das Auto stand alle vier Wochen in der Werkstatt. Mir erging es wie in dieser Autowerbung, in der ein Mechaniker den Kunden mit den Worten begrüßt: „Was haben wir denn heute schon wieder?"

Wenn das gute Stück zwischendurch einmal fuhr, bereitete es bleibende Erfolgserlebnisse. Ich erzählte der Immobilienmaklerin, die meinen Eltern eine Wohnung vermittelte, von meinem neuen Begleiter. Sie reagierte mit einem „Bis gerade eben fand ich Sie ganz nett."

Einmal fuhr meine Kollegin mit, gemeinsam legten wir in dem Auto immerhin fünf Kilometer zurück. Am Ende der Fahrt sagte ich: „Jetzt hat uns der Manta aber gut hergebracht." Meine Kollegin riss die Augen auf, denn es wurde ihr klar, in welcher Gefahr sie sich befunden hatte.

Eines Tages rief jemand vom Fernsehen an und ich dachte, endlich habe jemand meine schauspielerischen Fähigkeiten entdeckt, doch der Redakteur meinte nicht mich, sondern mein Auto. Für ein Magazin von Sat I wurde es blitzblank geputzt und in ein Studio gerollt. Ich war mächtig stolz und sah mich schon millionenschwere Werbeverträge im Auftrag meines Wagens unterschreiben. Kurz vor der Sendungsaufzeichnung verließ ich das Studio für fünf Minuten, um Kaffee zu holen, kehrte zurück und erstarrte – der Redakteur hatte an die Antenne einen Fuchsschwanz gehängt. So kam der Wagen auch ins Fernsehen. Es blieb bei den 100 Euro „Aufwandsentschädigung".

Es muss aber kein Manta sein. Babyboomer finden weniger spektakuläre Wege, sich auf ihre besten Jahre zu besinnen. Die Firma Drei-zwei-eins-meins zum Beispiel hält die Fernseh- und Radiogeräte unserer Eltern bereit, was freilich einen

Risikokauf bedeutet. Ich habe schon vom TV-Brand während der „Tagesschau" erzählt.

Einmal war in ebay einer dieser formschönen Wega-Fernseher zu haben, den sich seinerzeit nur jemand mit dem Einkommen eines Rechtanwaltes aufwärts leisten konnte. Werner ist Rechtsanwalt und hatte einen. Der Verkäufer bot das ebay-Exemplar „inklusive Montageanleitung für Untergestell, Bedienungsanleitung, Bildröhren-Garantie, Geräte-Pass und Kundendienst-Scheckheft" an. Toll! dachte ich. Einen Absatz später werden leider „technische Überarbeitungen" empfohlen, denn „teilweise geht das Bild weg". Aber bei einem Fernseher kommt es sowieso auf die Montageanleitung für das Untergestell an.

Auch mit Deko-Artikeln aus unserer Zeit entsteht keine Langeweile. Ich habe einmal einen Siebziger-Jahre-Leinen-Vorhang mit roten Tupfen und großen türkisfarbenen Blumenmotiven gekauft. Die Länge war für das Fenster im Arbeitszimmer genau richtig. Als meine Haushaltshilfe ihn in die Waschmaschine steckte, bedeutete das die erste Berührung mit Wasser seit 30 Jahren – vielleicht die erste Berührung mit diesem Element überhaupt? Hinterher war der Leinenstoff flauschig weich wie in der Waschmittelwerbung versprochen, aber auch dreißig Zentimeter kürzer.

Das kann mit der „Hausuhr" von Tchibo nicht passieren. Dieses frühe Produkt aus einer Zeit, als es neben Tchibo noch Eduscho gab, zog in viele deutsche Küchen ein. Ich habe bei ebay ein gut erhaltenes Exemplar ersteigert, das leider zu schnell läuft. Dafür gehen andere Siebziger-Jahre-Uhren in meiner Wohnung zu langsam, und so bilde ich immer den Mittelwert.

Wer ein echter Retro sein will, besorgt sich in ebay einen Telefonapparat aus Jugendtagen, Farbe grau, grün oder orange. Die Babyboomer sind die letzte Generation, die noch ein Telefon mit Wählscheibe erlebt hat. Die Benutzung der Wählscheibe verlangte Kraft im Finger, doch wer zu hastig wählte, musste von vorn anfangen. Aber dieser Telefonapparat bedeutete noch Kultur, denn er hielt das Bewusstsein dafür wach, dass ein Gespräch mit einem entfernten Menschen nichts Selbstverständliches ist, sondern ein technisches Wunder, das Aufmerksamkeit, ja Konzentration verdient.

Seit der nächsten Apparate-Generation, die mit den schwarzen Tipptasten, geriet das Telefonieren, auch dank der Technik, zu etwas Nebensächlichem, Zweitklassigem. Heute telefonieren die Leute am Handy und essen nebenher Spaghetti. Ich möchte die Zeit dreißig Jahre zurückdrehen.

Auf solch dunkle Einsichten sind auch schon andere gekommen, und so gibt es wieder Telefonhörer zu kaufen mit zwei Muscheln und einem verquirlten Kabel daran – fürs Handy.

Und es gibt wieder Flokati-Teppiche, auch „Hirtenteppiche" genannt, weil ihre Wolle von griechischen Schafen stammt und die keinen Schäfer, sondern einen Hirten haben.

Flokatis machen den Staubsauger überflüssig, weil sie den Schmutz in der Wohnung nicht nur sammeln, sondern auch verschlucken. Dieser Schmutz muss allerdings trocken sein. Weinflecken führen zu einer rosa Färbung, bei der nur noch die Schere hilft (und ein Loch zurückbleibt).

Aber es kann noch schlimmer kommen: Die Katze einer Freundin eines Arbeitskollegen von mir hat auf den Flokati-Teppich im Wohnzimmer geschissen. Dieses Teppich-Exemplar war verloren.

Trotz solcher Gefahren komme ich nicht ohne Flokati-Teppiche aus. Meine Exemplare sehen noch wie neu aus, weil Besucher auf Zehenspitzen drum herumgehen. Ich verstehe das, denn der Haarausfall eines solchen Teppichs ist enorm. Sollte ich einmal unter Mordverdacht geraten, kann sich die Polizei eine DNA-Analyse sparen – zu meiner Überführung reicht ein Flokati-Haar am Tatort.

Sitze ich dann im Gefängnis, lasse ich mir meine Zelle mit einer Fototapete verschönern. Tapeten mit Wasserfällen oder Sonnenuntergängen hatten wir schon in unserer Jugend und können sie, nach einer kurzen Pause von 30 Jahren, wieder kaufen.

Die Palme am Strand im Abendrot von Mauritius – Motive wie diese bedeuteten für die Türen unserer Jugendzimmer die letzte Rettung, nachdem wir auf das Holz fünftausend Abziehbilder geklebt und diese Bilder nur mit einem Spachtel wieder abgebracht hatten. Mein Bruder sammelte Warnschilder („Notbremse – Missbrauch strafbar") aus der Straßenbahn. Die waren in den Siebzigern noch aus Plastik, danach – weil sich nicht nur mein Bruder solche Schilder borgte – aus Folie, die sich nur zum Preis ihrer Zerstörung abziehen ließ.

Dieses Prinzip haben sich die Produzenten von Preisschildern im Supermarkt abgeguckt – wir Babyboomer sind noch mit Preisschildern aus einem Stück, das sich leicht versetzen ließ, großgeworden. Irgendwann wurden sie durch dreiteilige Exemplare mit zementartigem Klebstoff auf der Rückseite ersetzt. Dabei hatten wir doch so viel Spaß damit, die Preisschilder einer Packung „Kelloggs Cornflakes" und eines Glases „Käpt'n Nuss" zu vertauschen!

Nachdem uns dieses Hobby entzogen war, übten wir uns im Wiederzusammenfalten einer Kaugummi-Alufolie und Wiederhineinschieben in die Papierhülle. Die täuschend echte, aber leere Kaugummipackung boten wir einem Erwachsenen an und fühlten uns im Glück, wenn er die Täuschung nicht bemerkt und die Packung geöffnet hat.

Ingrid entwickelte die meiste Fake-Energie von uns allen. Sie konnte eine geöffnete Pralinenschachtel wieder so verpacken, dass sie wie neu aussah. Dazu musste die Cellophan-Hülle, die über die Schachtel gezogen wird, völlig unbeschädigt bleiben.

Dank dieser Kunst bot die Mutter von Ingrid gelegentlich Pralinen an, in deren Schachtel völlig überraschend zwei oder drei Stück fehlten. Als sie einmal nichtsahnend eine halb leere Schachtel verschenkte, musste die Wahrheit heraus. Ingrid beichtete die heimliche Nascherei und wurde mit einer noch wirklich jungfräulichen Schachtel losgeschickt. So starb eine olympische Disziplin, noch bevor sie für Wettkämpfe unter den fünf Ringen entdeckt war.

Jochen Rindt? Wer ist Jochen Rindt? Ein Babyboomer kann Jochen Rindt noch kennen. Die Generation Golf mit Sicherheit nicht mehr. Das ist die Scheidelinie.

Vom Jahr 1970 an wurden die Formel-1-Rennen live im Fernsehen übertragen. Millionen von Menschen können seither mitfiebern, wenn Fahrer als Sieger oder Verlierer durch die Ziellinie kommen. Und als Lebende oder Tote.

Der Deutsch-Österreicher Jochen Rindt – er hatte Mutter und Vater im Krieg verloren und war bei den Großeltern in Graz aufgewachsen – gewann am 10. Mai 1970 in Monaco seinen ersten Grand Prix. Es folgte eine Serie weiterer Siege oder vorderer Plätze, als sei der Durchmarsch des 28-Jährigen, im Auftritt bedächtigen Mannes überfällig gewesen. Jung, natürlich, mit einer schönen Frau an seiner Seite, stolzer Vater einer Tochter, im Auto superschnell, zugleich ein erfolgreicher Vermarkter seiner selbst – Jochen Rindt wurde in wenigen Monaten ein Großer, ein Vorgänger von Nicki Lauda, Ayrton Senna oder Michael Schumacher.

Dabei wusste Jochen Rindt immer, auf welch schmalem Grad er ging oder besser: fuhr. Für seinen Erfolg brauchte er einen Pakt mit dem Teufel, der in diesem Fall einen Namen hatte, Colin Chapman. Der britische Konstrukteur probierte immer neue Methoden aus, seine rote Lotus-Flotte schneller und letztlich unschlagbar zu machen. Ein Lotus erreichte entweder nie sein Ziel, weil wieder einmal irgendein Teil gebrochen war, oder er kam weit vorne an – sogar ganz vorne, wenn ihn ein Fahrer wie Jochen Rindt gelenkt hatte. Rindt drückte das einmal selbst so aus: „Bei Lotus werde ich Weltmeister oder tot."

Jochen Rindt wurde Weltmeister und tot und das im selben Jahr, 1970. Bereits im August hatte er so viele Punkte gesammelt, dass er zu den Favoriten um den Titel gehörte.

Beim Grand Prix in Monza, am 5. September 1972, brach in der Parabolica-Kurve die linke Bremswelle von Rindts Wagen. Der Lotus raste in die Leitplanke. Schon beim Aufprall rutschte er, der keinen Fußgurt trug, unter das Armaturenbrett, worauf ihm ein Bein abgetrennt wurde. Das Auto überschlug sich mehrfach und brach in zwei Teile, so dass die Beine des leblosen Rindt aus dem Wrack ragten. Ob er schon im Auto oder in der Klinik verblutet ist, blieb ungeklärt.

Die Bilder, wie die Reste des Lotus per Kran verladen und zur italienischen Staatsanwaltschaft gefahren wurden, gingen um die Welt. Colin Chapman und sein Team flohen aus Monza und kamen nie mehr dorthin zurück.

Weil Emerson Fittipaldi, damals Newcomer im Formel-1-Geschäft, das letzte Rennen der Saison gewann, raubte er Clay Regazzoni und Jacky Ickx den Titel. Der tote Jochen Rindt wurde Weltmeister. Witwe Nina Rindt nahm die Krone entgegen.

Auch unsere Generation hat einen James Dean – er heißt Jochen Rindt.

Dabei bin ich, um jetzt damit herauszurücken, gar kein Motorsport-Fan. Ich finde es aber spannend, dass jede Zeit ihre Gladiatoren hat, Opfer und Täter zugleich, denen die Aufmerksamkeit von Millionen gilt, aber häufig um den Preis, dass sie dabei ihr Leben lassen.

Jochen Rindt ließ sein Leben vermutlich binnen Sekunden – nach dem Aufschlag auf die Leitplanke muss er sofort bewusstlos gewesen sein.

„Stirb langsam", dieser Filmtitel galt tragischerweise für andere Fahrer wie den Briten Roger Williamson, dessen Auto sich beim Formel-1-Rennen in Zandvoort, Holland, am 29. Juli 1973 mehrfach überschlug und zu brennen begann. Williamsen wurde im Cockpit eingeklemmt, konnte sich selbst nicht befreien und schrie „Holt mich hier raus." Das hörte der herbeigeeilte Teamkollege und persönliche Freund des Eingeklemmten, David Purley. Vergeblich versuchte er das 600 Kilo schwere Auto zu drehen. Das Feuer schlug immer kräftiger aus. Kein Streckenposten eilte zu dem brennenden Wagen, ein Krankenwagen wurde viel zu spät verständigt. Roger Williamson erstickte im Rauch der Flammen. Und wieder waren Millionen von Menschen über Radio und Fernsehen mit dabei.

Noch für uns Babyboomer gehörten Unfälle, auch glimpflich verlaufende, zum Kitzel des Formel-1-Rennsports. Es war eine Zeit, als menschliches und technisches Versagen noch häufiger vorkamen als heute. Die Rennfahrer genossen Weltruf, doch um den Preis, dass sie die „Zehn kleinen Negerlein" spielten, von denen das Kindergarten-Lied handelt: „Zehn kleine Negerlein, da waren's nur noch neun …". Nach und nach würde es jeden erwischen, aber keiner wusste, wer der nächste war.

Wir Babyboomer erinnern uns noch an die Zeit, als der Formel-1-Zirkus auch eine Gedenkveranstaltung war: Graf Berghe von Trips oder Jim Clark, Helden unserer Väter, verunglückten noch in den Sechzigern tödlich, Jo Siffert starb bei einem Grand Prix am 24. Oktober 1971. Zu seiner Beerdigung kamen mehr Menschen, als je sonst zu einer Beerdigung in der Geschichte der Schweiz.

Die brüchige Technik oder der gefährlich gesteckte Kurs nahmen auf Volkshelden keine Rücksicht.

Wir Babyboomer haben – mit ein bisschen Interesse für Rennsport – auch noch die Namen Ronnie Peterson und Gilles Villeneuve gehört. Sie starben ebenfalls bei der Ausübung eines wahnsinnigen Berufes.

Wir können auch die Bilder von Niki Laudas Unfall am 1. August 1976 nicht vergessen. Es passierte an einer entlegenen Stelle auf dem Nürburgring, wo keine Fernsehkamera stand, aber ein Super-8-Filmer zufällig seine Kamera auf die vorbeikommenden Fahrer, auch den vorbeifliegenden Lauda, hielt. Der Hobbyfilmer machte die Aufnahmen seines Lebens. Laudas Auto prallte an die Leitplanke, stieg in die Luft und fing Feuer. Niki Lauda steckte festgegurtet in einem Feuerball. Sein Gesicht verbrannte an den Stellen, die sich nicht schützen lassen, auch ein Ohr wurde verstümmelt. Niki Lauda hat es nie ersetzen lassen, vielleicht um zu zeigen: Ich habe die Hölle überlebt. 42 Tage später saß er wieder im Cockpit eines Formel-1-Rennwagens.

Der Nürburgring fiel nach diesem Unfall in Ungnade. Die Strecke wurde umgebaut und entschärft. Viele Motorsport-Fans trauern noch heute dem alten Kurs nach.

Erst 18 Jahre nach Niki Laudas Unfall und knapp 25 Jahre nach dem Tod von Jochen Rindt kam für diesen Sport die Wende: Am 30. April und 1. Mai 1994 starben gleich zwei Fahrer auf der Grand-Prix-Piste von San Marino, Roland Ratzenberger und Ayrton Senna. Ausgerechnet Senna, der beste und beliebteste Fahrer seiner Zeit, ein lebender Heiliger in seiner Heimat Brasilien. Jetzt unterbrach sogar der Formel-1-Zirkus seine Vorstellung.

Natürlich spielte er bald wieder, aber anders als zuvor. Seither machen Milliarden von Dollars Autos nicht nur schneller, sondern auch Fahrer sicherer.

Als Ralf Schumacher am 20. Juni 2004 in Indianapolis, USA, auf eine Betonmauer fuhr und diesen Aufprall – einer der härtesten in der Formel-1-Geschichte überhaupt – fast schadlos überstand, dachte ich an Ayrton Senna, Nicki Lauda und Jochen Rindt. Sie alle, und ein paar mehr, haben zu früh gelebt.

Und dann fiel mir auf, dass ich als Babyboomer eine Rennsport-Epoche von über dreißig Jahren überschauen kann. So lange bekomme ich das also schon mit. Und die anderen Babyboomer, wenn sie wollen, auch.

1961

Der Jahrgang 1961 ist ein besonderer, weil das Jahr 1961 ein besonderes war. Der neu gewählte US-Präsident John F. Kennedy übernimmt sein Amt. Bundeskanzler Konrad Adenauer wird 85 Jahre alt. Die Automarke Borgward in Bremen gerät in Finanzschwierigkeiten. Petra und Richard führen das Vornamen-Ranking in der Bundesrepublik Deutschland an. Es gibt hierzulande schon knapp sechs Millionen Telefonanschlüsse. Ein Pfund Spargel bester Qualität kostet 2,40 DM. Der Sowjetrusse Jury Gagarin kreist als erster Mensch in einer Raumkapsel um die Erde. Das Zweite Deutsche Fernsehen mit Sitz in Mainz wird gegründet. Für etwa die Hälfte der Beschäftigten in Deutschland gilt bereits die Fünf-Tage-Woche. Diana, Prinzessin von Wales, wird geboren. Vier Tage vor der Abriegelung Ost-Berlins und dem Mauerbau fliehen 1926 DDR-Bürger in den Westsektor, mehr als je sonst an einem Tag. Der Generalsekretär der Vereinten Nationen, Daag Hammarskjöld, stirbt bei einem Flugzeugabsturz. Ein Schluckimpfstoff gegen Kinderlähmung kommt auf den Markt. Das Schlafmittel „Contergan" verschwindet aus den Apotheken, weil ein Zusammenhang mit Missbildungen bei Neugeborenen vermutet wird. Die Kaiser-Wilhelm-Gedächtniskirche, ein Bau des Architekten Egon Eiermann neben der kriegszerstörten Ruine aus der Kaiserzeit, wird geweiht. Sie avanciert zum Symbol für Berlin (West). Der Schauspieler Dirk Bach wird geboren. Die Schauspielerin Ulrike Folkerts wird geboren. Die Schauspielerin Nina Hoger wird geboren. Die Schauspielerin Nastassja Kinski wird geboren. Die Fernsehmoderatorin Ulla Kock am Brinck wird geboren.

Vor noch nicht langer Zeit machte ich eine Wanderung in der Wutachschlucht im Schwarzwald. Sie dauerte zwar mehrere Stunden, aber am Anfang und Ende befand sich jeweils ein Gasthaus. Und der Weg führte immer geradeaus und genauso wieder zurück.

Während meine Mitwanderer die Schönheit der Natur einsogen, fiel mir ein Mann auf, der mit einer Rollei-Kleinbildkamera bewaffnet war. Ich erkannte das schwarze Täschchen mit der schwarzen Schlaufe schon von weitem. Der Mann packte die Kamera auf meine Bitte hin aus und legte sie in meine Hand. Plötzlich fielen alle Strapazen dieses Tages von mir ab.

Dabei ist eine Rollei 35 – wenigstens heute – keine besondere Kamera mehr, auch nicht teuer und leicht zu bekommen. Fotohändler, die ältere Kameras an- und verkaufen, haben meist noch zwei, drei Exemplare im Schaufenster liegen.

Aber eine Kamera wie die Rollei war noch eine Kamera, munitioniert mit einer Filmpatrone, die 24 oder 36 Bilder möglich machte. Wegen einer Kamera wie dieser lief in Millionen deutscher Familien das gleiche Drehbuch ab: Unsere Eltern oder wir Kinder würden bei einem Sonntagsausflug ein paar Mal auf den Kameraauslöser drücken; unsere Väter würden die Kamera hinterher in eine Schublade der braunrustikalen Schrankwand im Wohnzimmer legen. Sie würden die Kamera erst wieder vor dem nächsten Ausflug oder an Heiligabend herausnehmen. Unsere Mutter würde fragen, ob der Film noch „gut" ist, wo er doch schon so lange in der Kamera gelegen hat, und unsere Väter würden sagen: Das macht dem Film nichts aus.

Ist der Film endlich „voll", wie wir sagten, würden wir ihn in ein Fotogeschäft bringen, bei dem über der Eingangstür die gelb-rote Kodak- oder eine orange-weiße Agfa-Leuchtschrift hängt. Im Laden würde der Fotohändler die Patrone eintüten und sie damit versandfertig machen (wir Babyboomer sind zunächst ohne den „Über-Nacht-Bilderdienst" groß geworden). Wir würden uns quälend lange Tage gedulden müssen, bis wir die Fotos abholen könnten.

Bei meinem allerersten Film versuchte ich, diese Zeit gewaltsam zu verkürzen. Als der Film „voll" war, ging ich auf den Balkon, öffnete den Kameraschacht und schaute auf dem Film nach, ob er alles so erfasst hatte wie von mir gewünscht. Das Ergebnis war von betörender Gleichförmigkeit.

Aber zurück zum Drehbuch. Der Fotohändler im Laden würde nach zwei Wochen sagen, für Bilder, die nichts geworden sind, müssten wir nichts bezahlen, aber wir würden uns genieren, unscharfe oder verwackelte Motive vorzuzeigen, und würden deshalb alle kaufen. Zu Hause würden die Bilder nach häufigem Herumreichen – die aufklappbaren-Sicht-Etuis im Plastik-Einband mit kitschigen Motiven gab es erst später – zu den anderen Bildern in den Karton kommen, der einmal ein Schuhkarton für Sportschuhe von Adidas oder von Puma gewesen war.

In der Technik gilt es als Fortschritt, dass alles kleiner wird (wer nimmt bei den neuen Handys eigentlich Rücksicht darauf, dass ein deutscher Mann Wurstfinger hat?). Deshalb kam die Ritsch-Ratsch-Klick-Pocketkamera auf den Markt. Diese Geräte waren handlich, die Filme liefen komplett in Kassetten, womit das lästige Hineinpuhlen eines Films in seine Filmbahn entfiel. Leider wurde auch die Fläche des belichteten Films kleiner und damit sank die Qualität. Heute haben Babyboomer Ritsch-Ratsch-Klicks nur noch als Unfallkamera im Handschuhfach ihres Autos.

An einem Weihnachtsabend in den Achtzigern bekam ich eine Polaroid-Sofortbildkamera geschenkt. Ein technisches

Wunderwerk, dachte ich, das endlich das tagelange Warten auf den entwickelten Film überflüssig machte. Wie das noch nicht entwickelte Fotopapier aus dem vorderen Schlitz schoss und sich auf dem Blatt langsam ein farbiges Motiv bildete – das war, wie die jungen Leute heute sagen würden, geil. Leider blieb die Qualität der Bilder auch nach zehn Tagen, da sie jetzt eigentlich voll entwickelt sein müssten, miserabel. Der hohe Preis – ein Film mit zehn Bildern kostete 20 Mark – brachte der Polaroid-Idee vollends ein Außenseiterleben.

Wer ein guter Babyboomer und Hobbyfotograf ist, schaut auf diese Zeit trotzdem mit Wehmut zurück. Er fotografiert mit der Spiegelreflex-Kamera seines Vaters oder mit seiner eigenen, die er in den Achtzigern gekauft hat, solange es Filme und Batterien dafür gibt. Denn der Zwang, mit 36 Bildern auszukommen, hat uns das genaue Hinsehen gelehrt und zwingt uns weiter dazu. Mangel macht vorsichtig. Ein Babyboomer knipst zwar auch, aber was Knipsen wirklich heißt, wissen wir, seit es Digitalkameras gibt.

Meine Kollegin und ich saßen neulich in Wien in einem Taxi. Die Taxifahrerin erzählte, dass ihr Mann gestern vom gemeinsamen Baby 576 Bilder gemacht habe. Er wird 14 Tage brauchen, diese Menge auf seinem PC zu sichten und sie so zu ordnen, dass er ein bestimmtes Motiv auch wiederfindet. Und dann sind auch schon wieder 8064 Bilder hinzugekommen.

Das Baby dürfte sich gewundert haben, was Papa stundenlang mit so einem komischen Ding am Auge macht. Und die Ehefrau war bestimmt hell begeistert, als sie, todmüde von der nächtlichen Taxi-Tour, früh morgens die vielen Bilder am kleinen Kamera-Display bewundern musste.

Die digitale Technik ertränkt uns in ihren Möglichkeiten, und sie nimmt uns etwas Wichtiges: Wir fassen nichts mehr an. Der erste Blick auf ein Bild, bei dem ich mich als Fotograf selbst loben oder bedauern kann, findet nur noch vor einem Bildschirm statt. Ich schaue auf das Motiv, und das ist weniger sinnlich, als wenn ich, wie früher, ein Motiv auch noch anfassen kann. Es lässt sich zwar auch von einem digital gemachten Foto ein Ausdruck machen. Aber das ausgedruckte Bild zum Anfassen steht nicht mehr am Anfang, sondern am Ende der Erlebniskette. Es dient nur noch zum Einkleben in ein Fotoalbum.

Wir Babyboomer haben die Erfahrung, dass eine neue Technik eine neue Kultur schafft, ganz oft machen müssen, nicht nur in der Fotografie. Mit einer Schallplatte gingen wir noch achtsam um, weil ihre Rillen verletzbar waren. Eine CD und seit kurzem der Speicherchip eines MP-3-Players sind bei normalem Gebrauch nicht kaputt zu kriegen. Eine Festplatte nimmt es, was ihre Sinnlichkeit angeht, nicht mit einer Schallplatte auf. Die Platte hat sich noch vor deinem Auge gedreht. Du konntest sehen, wo die Musik gespeichert sein muss. Ich glaube, es ist ein Grundbedürfnis zu erfahren, von woher etwas kommt. Kein Wunder, dass Pizzerien mit einer gläsernen, einsehbaren Backstube so beliebt geworden sind.

Um die Schallplatte herum konntest du noch einen Kult machen. Ich hörte mir Bob Dylans „Street Legal“-Scheibe an, betrachtete zigmal das Cover und las die beigefügten Liedtexte mit. Heute werden CD-Kopien ohne Cover und Liedtexte, sogar ohne Titelangabe weitergereicht oder Audiofiles per Mausklick weitergeschickt.

Caroline hat mir einmal eine Kopie einer Santana-CD gebrannt. Ich stellte sie widerwillig zu den anderen CDs, den selbstgekauften mit Hülle und Texten, aber nur für ein paar Tage. Sie kam dann doch in den Müll.

Caroline nahm die Maßnahme zum Glück nicht persönlich, versuchte mich aber trotzdem umzustimmen: Du hättest dir diese CD nicht selbst gekauft und dann wäre dir die Musik entgangen und so weiter.

Recht hatte sie. Aber sie ließ außer Acht, dass wir Babyboomer trotz – oder dank? – eines beschränkten Angebotes Freude hatten – Freude an dreißig Bildern aus zwei Wochen Urlaub, an zwanzig Schallplatten oder zehn selbst aufgenommenen Musik-Kassetten, die nur einen Bruchteil der Lieder fassen konnten, die heute auf eine CD passen (deshalb liebte ich Nick Hornbys Roman „High Fidelity", sein Protagonist nimmt dauernd Kassetten auf). Natürlich, auch diese Kassetten boten kein Cover und keine Songtexte, aber wir mussten uns zu ihrer Produktion viel Zeit und Aufmerksamkeit nehmen, von den Tücken habe ich ja erzählt. Dank der umständlichen Technik nahmen wir auch nur so viele Kassetten auf, wie wir selbst hören konnten oder verschenken wollten. Es war – anders als heute – nicht möglich, beliebig viele Kopien zu machen, auf jeder Kopie von der Kopie wurde das Bandrauschen unerträglicher. In der „Ich schick' dir mal schnell das Audio-File"-Kultur von heute kann kein Mensch mehr erfassen, was auf seinen CD-Rohlingen oder USB-Sticks gespeichert ist.

Wie der Name schon sagt – Rohlinge sind roh. Die Babyboomer sind die letzte Generation, die das empfinden kann.

Kürzlich wollte ich zu meinem Hausarzt fahren, der gerade umgezogen war. Eine gute Gelegenheit, mein neues „Navi" auszuprobieren, dachte ich. Ich hatte mich lange gegen eine krächzende Stimme gewehrt, die mir am Ziel einer Route sagen würde: „Sie haben Ihr Ziel erreicht." Aber im Kartenlesen war ich schon immer schlecht. Wer sich auf mich im dunklen Wald verließ, musste Proviant und Schlafsack dabeihaben. So konnte es mit einem „Navi" nur besser werden.

Natürlich machte ich zunächst Bedienungsfehler. Das ging mir schon ein paar Mal in meinem Leben so. Als ich das allererste Telefonat führen wollte, mit Roland aus meiner Schulklasse, wählte ich die Nummern nicht nacheinander, sondern so, wie man sie spricht. Also 93 nicht als 9-3, sondern 3-9, weil es „dreiundneunzig" heißt.

Auch meine erste Aufnahme von einer Schallplatte auf Musik-Kassette, damals noch mit einem Mikrofon, scheiterte. Meine Mutter musste mich darauf hinweisen, dass das Mikrofon nicht vor den Plattenspieler, sondern vor die Lautsprecherboxen platziert gehört.

Das „Navi" leitete mich in die entgegengesetzte Himmelsrichtung, als die, wohin ich wollte. Vermutlich hatte ich den Zielort als Startadresse markiert.

Als ich dann tatsächlich in Richtung Mainz-Mombach unterwegs war, stellte sich ein Glücksgefühl darüber ein, dass ich der Dame, die mich galant leitete, gelegentlich helfen muss. Wo sie einen Kreisverkehr ankündigte, muss dieser Kreisverkehr tags zuvor abgeschafft worden sein. Oder war ich vielleicht in der falschen Stadt unterwegs? Mein Hausarzt hätte einfach nicht umziehen dürfen.

Es brauchte dann noch eine Weile, bis ich das „Navi", das mich immerzu an eine gesperrte Autobahnausfahrt lotste, überlistet hatte. Als ich vor der neuen Praxis des Arztes ankam, sagte auch die Maschine versöhnlich: „Sie haben Ihr Ziel erreicht."

Diese erste Fahrt mit einem „Navi" ließ mich in philosophische Gedanken abrutschen. Mir ging auf, dass ein „Navi" seinen Fahrer dumm sterben lässt, weil der Fahrer nur noch auf das „Navi" hört und sich nicht mehr selbst die Strecke merkt. Ohne „Navi" würde ich die Arztpraxis nie und nimmer wiederfinden. Hätte ich – freilich mit viel mehr Zeitaufwand fürs Studieren und Falschfahren – einen Stadtplan befragt, wäre mir die Strecke noch im Gedächtnis und ich käme ohne Hilfe an.

Wir Babyboomer fremdeln mit technischem Schnickschnack wie einem „Navi". Wir sind, anders als die Generationen später, mit wenig Technik groß geworden. Als Kinder spielten wir Lego, freuten uns am Märklin-Baukasten und später an Fischer-Technik. Einen Arztkoffer für Onkel-Doktor-Spiele bekamen sowohl Mädchen wie Jungs geschenkt. Die Mädchen möblierten ihre Puppenstuben, die ihnen Mutter oder Großmutter gebaut hatte. Sie zogen ihre Barbie-Puppe an und aus, damals ein Modell mit schmaler Taille, dickem Busen und langen Beinen. Die Jungs sammelten Matchbox-Autos, bauten auf der orangenen Mattel-Bahn einen Looping oder lagen hinter Plastikpanzern. Der Vater spielte mit der Modell-Eisenbahn genauso gern wie wir, sie stammte entweder von Märklin oder von Fleischmann. Auch bei der Auto-Rennbahn gab es zwei Hersteller, einer mit grauen und einer mit schwarzen Strecken-Platten. „Carrera" war die bekanntere Marke.

Später begannen wir zu lesen, die Mädchen die „Hanni und Nanni"- oder „Fünf Freunde"-Reihe, die Jungs „Abenteuer auf Burg Schreckenstein". Wir trieben uns mit Freunden im Ort herum oder gingen zum Fußballspiel des Sportvereins.

Erst in der Schule, frühestens in der neunten oder zehnten Klasse, kündigte sich die erste technische Revolution an:

Es wurde ein „Computerzimmer“ eingerichtet, zu dem jeweils der betreuende Lehrer und ein Schüler Schlüssel hatten. Der Lehrer verstand von der neuen Maschine nichts und führte den Belegungsplan. Das ganze Know-how vereinigte Günter auf sich, ein pummeliger, wortkarger, aber hochintelligenter Außenseiter. Er lief immer mit Musik-Kassetten herum, mit deren Hilfe er am Computer programmierte. Ich wunderte mich: Der Computer machte doch keine Musik?

Wir Babyboomer durften das Heranreifen des Heimcomputers unmittelbar miterleben. Einmal programmierte und schrieb mir Günter eine Liste mit dem Inhalt meiner VHS-Videokassetten. Wenn ein neues Band hinzukam, konnte er es einfügen, ohne die Liste neu zu schreiben. Die Ausdrucke machte er noch auf weiß-grünem Endlosblatt mit Perforationsstreifen an beiden Seiten.

Die Programmierung dauerte so lange, dass Günter und ich die Zeitersparnis, die wir uns von der neuen Technik erhofften, nie erlebt haben. Bald wurde ein anderer Computer – jetzt für die großen, weichen Floppy-Disketten – angeschafft. Dieser Rechner konnte die Daten des alten nicht übernehmen.

Jeder Babyboomer hat eine individuelle Geschichte mit dem Computer, anders als die Generation nach uns, die in halbwegs bedienbare Geräte-Serien hineingeboren wurde. Was haben wir Geld und Hirnschmalz aufgewandt, um einen 286er-PC zum Laufen zu bringen! Ich hoffte, mir würde dabei die Lektüre des MS-DOS-Benutzerhandbuches nützen. Eine größere Zeitvergeudung ist aus heutiger Sicht nicht vorstellbar.

Nach ein paar Jahren PC-Berührung traute ich mich, Adressen und Telefonnummern in einem „Organizer“-Programm zu verwalten. Die Liste sah schick aus. Aber sie machte auch alles komplizierter, weil der PC nie dort stand, wo ich gerade eine Adresse brauchte.

Das erste Mail-Programm, das mir mein Computerhändler installiert hat, konnte auch nur er bedienen. Das eigens beschaffte flache Modem mit den Leuchtdioden auf der Vorderseite blieb unbenutzt.

Mitte bis Ende der neunziger Jahre machten sich benutzerfreundliche Mail-Programme in deutschen Büros breit, und wir Babyboomer lernten wieder etwas Neues. Schon nach kurzer Zeit konnten auch wir uns nicht mehr vorstellen, wie die Welt ohne elektronischen Briefkasten ausgekommen war.

Auf dem Bio-Tiefpunkt meines Bürotages, gleich nach dem Mittagessen, schlich sich trotzdem Resignation ein. Dann fiel mein Blick auf die noch nicht abgeschaffte IBM-Kugelkopf-Schreibmaschine mit Korrekturband. Wir bedruckten jetzt dank der Mails weniger Papier und griffen seltener zum Telefonhörer, aber hat uns die neue Technik Mühen genommen oder gar Zeit für Wichtiges geschöpft?

Kürzlich wurde den PCs der Firma, die mich beschäftigt, wieder einmal eine neue Version unseres Mail-Programms aufgespielt. Die Begründung lautete, dass der Hersteller die frühere Version nicht mehr „supportete“, sprich den Service eingestellt hat. Weil aber die neue Version viel mehr Speicherplatz braucht, mussten unzählige Rechner ersetzt werden. Für Normalnutzer wie mich brachte die neue Version keine Vorteile, die Oberfläche sah nur ein wenig hübscher aus. Das Millionengeschäft kam mir trotzdem gelegen, denn beim alten PC war ein hässlicher grüner Plastikdeckel auf das Diskettenlaufwerk gesteckt, der beim Rechner der nächsten Generation – sicher um Kosten zu sparen – verschwunden war.

Die Vorboten der nächsten Wundererfindung, des Handys, waren selbstständige Geschäftsleute, die mit solch neuen Geräten „mal schnell“ auf dem Gehweg (und nicht in der nahen, noch gelben Telefonzelle) zu Hause anriefen und fragten, ob es „etwas Neues“ gebe. Der Betreiber einer Freiburger Studentenkneipe stellte sich mit seinem Hund am linken Arm und dem Handy in der rechten Hand vor die Eingangstür, wo ihn jeder Gast sehen musste, und führte ein bedeutendes Gespräch. Einen Meter weiter, am Tresen, hätte ebenfalls ein Telefon gestanden.

Am Anfang sahen die Handys noch aus wie die Plastik-Walkie-Talkies, die wir Babyboomer mit Hilfe unserer Eltern bei Otto oder Quelle bestellt haben. Jeder, der sich in der Frühzeit des Handys ein Exemplar zulegte, sagte mir, sie oder er brauche es eigentlich nicht, aber für Notfälle, etwa bei einem Autounfall, sei es wichtig. So begründete auch ich meinen Einstieg ins Handy-Leben.

Als Babyboomer habe ich ein paar Wochen gebraucht, bis das mobile Telefon in meinen Alltag integriert war. Ich begann ebenfalls mit „Ich wollte mich nur mal melden“-Anrufen. Später fiel mir ein, dass ich die Gespräche, die ich lieber auf dem – wie sagt man heute – Festnetz-Telefon führe, vom Handy aus erledigen kann. Seither bezahle ich weiter den Festnetz-Anschluss und habe doppelt so hohe Telefonkosten. Ich schaffe das „große Telefon“ nicht ab, weil der Hörer bequem am Ohr sitzt und die Sprachqualität besser ist. Wir Babyboomer benutzen gerne einen Telefonapparat, der immerhin noch halb so groß wie der Apparat aus unserer Jugend ist.

Beim Handy entfällt leider auch die Möglichkeit, dass eine Nachricht – ganz wörtlich – in andere Hände gerät. Über das erste Telegramm, das ich in meinem Leben erhalten habe, von Heidi, wurde zufällig mein Bürokollege per Telefon informiert. Bleich und erschüttert sagte er mir, dass an der Hauptpforte ein Telegramm für mich abgegeben worden sei. Er vermutete wahrscheinlich, dass das Wohnhaus meiner Eltern eingestürzt oder gar meine Familie bei einem Autounfall ausgelöscht worden sei. Meine fortwährende Gleichgültigkeit irritierte ihn umso mehr. Er konnte nicht ahnen, was ich ahnte. Tatsächlich hat mir Heidi einen Besuch abgesagt, was sie per Telegramm tat, damit ich sie am Telefon nicht mehr umstimmen konnte. Die Auslöschung meiner Familie hätte in der Tat schwerer gewogen, aber mit einem eingestürzten Haus hätte ich besser gelebt also ohne dieses lang geplante Date.

Eine weitere technische Revolution, das Internet, wurde uns Babyboomern nicht in die Wiege gelegt. Unsere Töchter und Söhne müssen uns beibringen, wohin man im World Wide Web surfen kann. Dank des Internets steht übrigens die technisch modernste Maschine nicht mehr, wie zu unserer Kindheit und Jugend, im Wohnzimmer, sondern im Kinder- oder Jugendzimmer. Der Flachbildschirm für den Samstagabend sieht zwar schick aus, aber der Multimedia-Computer eines Vierzehn- oder Siebzehnjährigen leistet viel mehr.

Timon und Marvin, die Söhne von Heike und Volker, haben vergangenes Jahr zu einer LAN-Party eingeladen. Im Geschäft, wo der Vater sonst Radios und Fernseher verkauft, standen plötzlich zwanzig PCs (diese Kisten, nicht einmal Laptops). Vor ihren Bildschirmen saßen 20 Kiddies und hämmerten auf ihre Tastaturen ein. So ging es die Nacht hindurch, gegessen und geschlafen wurde nebenbei. Eine Party, bei der keine und keiner mit der und dem anderen spricht und es nicht ums Flirten und Anmachen geht? Bei solchen Anlässen, weniger an meinen Geburtstagen, wird mir bewusst, dass ich ein Grufti bin, einer jenseits der Vierzig.

Nein, halt, an meinem jüngsten Geburtstag ist mir das auch aufgegangen. Zum ersten Mal, seit ich bewusst Geburtstag feiern kann, kam keine Geburtstagskarte mehr ins Haus, eine von Hand geschriebene in einem Briefumschlag, auf dem, ebenfalls von Hand geschrieben, meine Adresse stand. Wer mir gratulierte, tat es per Telefon, Mail oder – am häufigsten – SMS. Gabriele ließ sich per Piepston im Handy an meinen Geburtstag erinnern. Auch im Internet erinnert die elektronische Glückwunsch-Karte an die aussterbende echte, aber ihre Wirkung mit flackernden Kerzen auf einer Torte entfaltet sie nur am Bildschirm und nicht mehr, wenn sie ausgedruckt wird.

Weshalb haben wir überhaupt noch Briefkästen an der Eingangstür unserer Wohnung oder unseres Hauses? Seit ich dort ein Schild „Bitte keine Werbung" angeklebt habe, steckt mir der Briefträger nur noch Rechnungen durch den Schlitz. Auch die kommen bald nur noch elektronisch. Der Briefkasten ist ein Auslaufmodell.

Die technischen Welten von PC, Mail-Programmen, Handy und Internet wachsen bereits zusammen. Kolleginnen und Kollegen von mir laufen mit „Blackberries" herum, mit Mini-PCs, die sie zum Beispiel über Mail-Eingänge auf dem laufenden halten. Längst bedeutet hier die Technik nicht mehr Erleichterung der Arbeit, sondern sie prägt diese Arbeiten von der ersten bis zur letzten Minute mit. Auch in Sitzungen zum Beispiel starren „Blackberry"-Nutzer alle paar Minuten aufs Display. Es geht jetzt nicht mehr ohne.

Madeleine hat mir neulich erzählt, dass sie das Angebot, mit einem „Blackberry" zu arbeiten, rundheraus abgelehnt habe. Aber Madleine geht auf die Sechzig zu, ihr Ruhestand liegt in greifbarer Nähe, und wir Babyboomer sind Ende Vierzig und bleiben noch 20 Jahre an Bord. Sollen wir noch die „Emoticons" lernen, diese Zeichensprache im Internet, bei der ein „:-*" bedeutet, sich verliebt zu küssen?

Wir Babyboomer müssen uns der neuen Zeit irgendwie stellen, ob wir wollen oder nicht. Fangen wir zum Beispiel im Internet ein virtuelles Leben an? Schenken wir unseren Enkeln ein Stofftier mit einem Code für ein Internetportal, so dass auch das „Knut"-Imitat in der virtuellen Welt ein zweites Leben führen kann?

Ach könnten wir Babyboomer doch sagen: Nach uns die Zukunft!

1962

Der Jahrgang 1962 ist ein besonderer, weil das Jahr 1962 ein besonderes war. Der Film „Frühstück bei Tiffany" mit Audrey Hepburn kommt in die deutschen Kinos. 28 Frauen und Männern gelingt mit Hilfe eines Tunnels, den sie selbst gegraben haben, die Flucht vom Ost- in den Westteil Berlins. Bei einem Grubenunglück im saarländischen Völklingen sterben 299 Bergleute. Norddeutschland wird von einer Sturmflut heimgesucht, die über 300 Todesopfer fordert. In Hamburg kann Innensenator Helmut Schmidt als „Krisenmanager" viele Menschenleben retten. Der Österreicher Karl Schranz, erst 22 Jahre jung, gewinnt bei den Skiweltmeisterschaften in Chamonix den Abfahrtslauf. Die italienische Sängerin Maria Callas gibt mehrere Konzerte in der Bundesrepublik. Jetzt hat schon jeder neunte Deutsche einen Telefonanschluss. Der Stabhochsprung-Weltrekord steht bei 4,93 Metern.

Die US-Schauspielerin Marilyn Monroe stirbt. Die Bundesbürger schießen an Silvester Feuerwerk im Wert von 40 Millionen Mark in den Himmel. Jodie Foster wird geboren. Tom Cruise wird geboren.

Die Bundesrepublik bekommt ihre erste sechsspurige Autobahn. Mehr als die Hälfte der Hemden, die sich deutsche Männer anziehen, sind aus Synthetik.

Stand auf einem Aufkleber, der auf die Tür eines Rucksack-Schließfachs im Foyer des Kollegiengebäudes IV der Albrecht-Ludwigs-Universität Freiburg im Breisgau angebracht war. Er drückte einen Protest gegen Studiengebühren aus, über die schon zur Zeit, als wir Babyboomer an die Uni gingen, diskutiert wurde.

Nein, wir machten keine Politik, wie die Studentengeneration vor uns, sondern brauchten die Energie fürs Drumherum des Studiums, für die Bedingungen. Das Drumherum beschäftigte uns zeitweise mehr als unsere Studienfächer selbst.

Die Revolution fiel wegen anderer Termine aus.

Die Erfahrung der Masse, dieses süße Grundgefühl jedes Babyboomers, holte uns an der Universität mehr ein als an jedem Ort zuvor. Ging es in Kinderzimmern eng zu – wir zählten in Babyboomer-Familien trotzdem nicht mehr als drei oder vier Kinder. In der übervollen Kindergarten-Gruppe oder Schulklasse haben wir wenigstens noch jede und jeden gekannt, meistens sogar alle Mitschüler aus dem selben Jahrgang. In der Fußballmannschaft im Verein spielten schon zu unserer Zeit nur noch elf auf dem Feld. Im Hörsaal aber, in der Buchhaltungs-Vorlesung, saßen 300 oder 500 auf Stühlen, Treppen und Boden. Und das auch noch bei diesem langweiligen Thema!

Angehörige der Nachkriegsgeneration, etwa der frühere Bundeskanzler Helmut Schmidt, haben oft die schwierigen Bedingungen beklagt, unter denen sie studieren mussten – wenn sie es überhaupt konnten. Nach dem Zweiten Weltkrieg war die Möglichkeit zu studieren für Frauen noch nicht selbstverständlich. Wer studierte, tat es mangels Heizmaterial im Mantel, ausgestattet mit wenigen Büchern, erschöpft vom Nebenjob, der nach der Stundenzahl ein Hauptjob war.

Eine Bitterkeit über diese Zustände schwang mit, als die Kriegsgeneration Ende der sechziger Jahre die protestierenden Studenten kritisierte. Helmut Schmidt rief den jungen Intellektuellen in seiner Partei, Studenten oder schon fertige Akademiker, auf einem Parteitag zu, sie sollten sich nicht mit der „Krise des eigenen Hirns" beschäftigen, sondern mit den ökonomischen Bedingungen im Land.

Der Mangel hatte die Studienjahre eines Helmut Schmidt bestimmt, und Mangel würde auch die der Babyboomer prägen, freilich ein Mangel im wirtschaftlichen Überfluss. Aber plötzlich fehlten wieder Wohnraum und Bücher und Stühle. Wie hieß es so schön? Jeder kriegt einen Platz an der Uni, aber nicht im Hörsaal.

Die Studentenschwemme war von der Gesellschaft gewollt – wir Babyboomer ernteten die Früchte einer in den sechziger Jahren gestarteten Bildungsoffensive, nachdem die Deutschen schon einmal einen PISA-Schock erlebt hatten. Die nächste Studentengeneration, also wir, sollten vor allem nicht dümmer als die im roten Osten sein. Es herrschte „Kalter Krieg". Millionen von Kubikmetern Beton wurden verbuddelt, um in Bochum oder Konstanz Universitäten zu bauen.

Der zweite Grund für die Schwemme waren wir Babyboomer wieder einmal selbst: Wohin mit uns, die wir nicht alle eine Lehre machen, freie Künstler spielen oder nach Amerika auswandern wollten und konnten? In den zwanziger und dreißiger Jahren des letzten Jahrhunderts war die Auswanderung noch gang und gäbe (heute in bestimmten Berufsgruppen, etwa bei Ärzten, auch wieder). Viele Babyboomer, auch ich, hatten einen Onkel in Amerika. Wenn er seine Geschwister besuchte, brachte er uns Kindern immer jeweils einen Dollar-Schein mit.

Wir versuchten also zu studieren. Aber wo? Wer ein begehrtes Fach gewählt hatte, bekam von der ZVS, der Zentralstelle für die Vergabe von Studienplätzen, einen Studienort zugewiesen. Bei der Masse von Studierwilligen waren die meisten Fächer begehrt. So sorgte die ZVS für einen Massenexodus aus der deutschen Provinz in die Universitätsstädte hinein.

Elisabeth zum Beispiel, die mir in der siebten Klasse Nachhilfe in Mathematik gegeben hatte, konnte nicht im nahen Tübingen oder Freiburg studieren, sondern musste in das Land Hessen ziehen, in eine Gegend, von der sie bislang nur Fernsehbilder kannte. In Hessen selbst hatte sie sich in Gießen zu melden, das leider von dem in Deutschland besser bekannten Frankfurt weit entfernt lag. Weil es noch keine Computer zum Mailen und keine Handys zum Simsen gab, schrieb sie in späten Abendstunden sogar ihrem früheren Nachhilfe-Schüler Hier-ist-es-ganz-okay-aber-ich-will-hier-nicht-lange-bleiben-Briefe.

Die ZVS konnte das Massenproblem nur verwalten, nicht lösen. Elisabeth und viele Tausend andere Studenten wechselten an die Wunsch-Universität, sobald sie genug Exil-Semester nachgewiesen hatten. Wen die ZVS erst einmal gar nicht studieren ließ, sondern auf eine Warteliste setzte, etwa für Medizin, verbrachte die Zeit mit einem „Orchideenfach", wie die ZVS-freien Fächer hießen. Damit belegte aber auch diese Gruppe Rucksack-Schließfächer und Sitzplätze.

Und Wohnungen. Oder wenigstens Zimmer. Der Wohnungsmangel in einer Universitätsstadt war groß. In Freiburg gab es bestimmt keinen einzigen Kartoffelkeller mehr, weil alle zu Studi-Wohnraum umgewidmet waren. Manche Vermieter boten ein Mini-Zimmer zu einem horrenden Preis, wobei Hausmeisterservice und Gartenarbeit für das Haus noch hinzukamen.

Ich habe einmal eine hübsche Zwei-Zimmer-Wohnung besichtigt, in der ich – wie von der Vermieterin verlangt – die spießigen Möbel sogar übernommen hätte. Auf meine Frage, wo denn die Dusche oder Badewanne sei, meinte die Dame, es gebe ein Waschbecken in der Küche und ich könne im Hallenbad ein paar Gehminuten entfernt duschen. Ich nahm die Wohnung schon deshalb nicht, weil das Hallenbad montags geschlossen war.

Mancher – und hier wirklich mancher, nicht manche – behalf sich mit dem Eintritt in eine nicht-schlagende oder schlagende Verbindung, einem Männerbund lateinischen Namens, der außer einem Dach über dem Kopf eine Ausbildung zum Kampftrinken und Musketier bot.

Für noch immer Übriggebliebene stand zu jedem Semesteranfang eine Zeltstadt zur Verfügung. Am Morgen kam ein Mitarbeiter des Freiburger Wohnungsamtes und brachte Kaffee.

War ein Wohnraum erst einmal erobert, ging die „Reise nach Jerusalem" im Seminarraum oder Hörsaal weiter. Wer eine halbe Stunde vor Beginn der Vorlesung kam, konnte wenigstens auf einen Platz hoffen – ganz hinten.

Aber wichtiger als Vorlesungen waren sowieso die Bücher. Die Standardliteratur durften wir wegen der großen Nachfrage nicht ausleihen, sondern nur in der Präsenzbibliothek einsehen. Dort war sie aber meistens „verstellt", wie wir das nannten. Das ging so: Jemand holte sich kurz vor Schließung der Bibliothek einen Wälzer aus dem Regal und stellte ihn nicht mehr an den angestammten Platz zurück, sondern sonst wohin, wo nur er das Buch wiederfand. So konnte er am nächsten Morgen ausschlafen und sich auch nach einem ausgedehnten Mittagessen sicher sein, dass ihm niemand die Lektüre wegschnappen würde.

Immerhin war schon zu unserer Zeit der Kopierer mit Wertkarte – allerdings noch aus Pappe, nicht aus Plastik – erfunden. Diese Karte erlaubte es, 100 Kopien zu machen. Eine Erfindung gegen die kilometerlange Menschenschlange vor dem Kopierer fehlte allerdings noch.

Ein echter Babyboomer nahm solche Verzögerungen mit Gleichmut hin. Er kannte es nicht anders. Es lag eine Befriedigung darin, sich dieses bestimmte Buch doch ergattert oder bei jenem Professor tatsächlich einen Prüfungstermin erhalten zu haben.

Kein Wunder, dass das Studium eines Babyboomers schleppend voranging und fünf, sechs Jahre brauchte. Aber wozu in Hektik verfallen? Unsere Eltern traten lieber selbst kürzer und halfen beim Lebensunterhalt mit. Und es gab noch Bafög, Studiengeld vom Staat, für relativ viele, und zu Bedingungen, von denen nachgeborene Studenten nur träumen können.

Letztlich wussten wir Babyboomer aber auch, dass uns mit oder selbst ohne Studienabschluss eine Anstellung sicher war. Die deutsche Wirtschaft stellte noch Berufseinsteiger ein. Selbst Geisteswissenschaftler, denen wegen ihres weltfremden Studiums demnächst das Bürgerrecht aberkannt wird, standen in hohem Ansehen. Kein Student der Politikwissenschaft musste nach dem Abschluss Taxi fahren, wenn er bereit war, aus der heimeligen Universitätsstadt wegzugehen.

Wache Köpfe, die ihr Studium nach sechs, sieben Semestern schmissen, machten trotzdem ihren Weg. Und der Rest auch – der Weg dauerte nur länger.

Was bleibt uns Babyboomern aus dieser Zeit, außer dass sie uns ganz gut in den nächsten Lebensabschnitt katapultiert hat? Wir nutzten die Chance, ein paar Themen heftig zu traktieren. Erst wieder als Rentner, aber dann eben auch dreißig Jahre später, werde ich tagsüber ohne Gewissensbisse Golo Manns „Deutsche Geschichte des 19. und 20. Jahrhunderts“ lesen können.

1963

Der Jahrgang 1963 ist ein besonderer, weil das Jahr 1963 ein besonderes war. Springreiter Alwin Schockemöhle gewinnt auf seinem Pferd „Freiherr“ den Preis von Deutschland. Die Post führt einen neuen, grauen Telefonapparat ein. Die Stadtväter von Frankfurt am Main geben „grünes Licht“ für den Bau einer U-Bahn. Das Zweite Deutsche Fernsehen (ZDF) geht auf Sendung. Die Deutsche Lufthansa richtet eine Fluglinie nach Mallorca ein. Im Stabhochsprung wird die magische Fünf-Meter-Marke genommen. Während der Pfingsttage sterben im bundesdeutschen Straßenverkehr 1000 Menschen. Papst Johannes XXIII. stirbt mit 81 Jahren. Ein Überfall auf den Nachtpostzug Glasgow – London, mit umgerechnet 30 Millionen Mark Beute geht in die Kriminalgeschichte ein. Der Beutezug wird später als Dreiteiler mit dem Titel „Die Gentlemen bitten zur Kasse“ verfilmt. Der französische Maler Georges Braque stirbt. Auch Köln bekommt eine U-Bahn. Die Philharmonie des Architekten Hans Scharoun in Berlin (West) wird eingeweiht. Die französische Sängerin Edith Piaf stirbt. Ludwig Erhard folgt auf Konrad Adenauer im Amt des Bundeskanzlers. Es kommt zum „Wunder von Lengede“: Nach einem Grubenunglück wird eine Rettungsaktion zunächst abgebrochen, auf Klopfzeichen hin aber fortgesetzt. Tatsächlich gelingt es noch nach Tagen, Eingeschlossene rechtzeitig zu bergen. Präsident John F. Kennedy stirbt bei einem Attentat. Vizepräsident Lyndon B. Johnson übernimmt das Amt. Der mutmaßliche Attentäter Lee Harvey Oswald wird von Jack Ruby erschossen. Der erste Bundespräsident Theodor Heuss stirbt. Die Geigerin Anne-Sophie Mutter wird geboren.

Die Achtundsechziger haben immerhin einen Außenminister und – mit Abstrichen – einen Bundeskanzler hervorgebracht. Doch auch ohne Joschka Fischer und Gerhard Schröder hätten wir heute eine klare Vorstellung davon, was die Vordenkerinnen und Vordenker dieser Generation gewollt und erreicht haben. Aus den wilden Jahren dieser Generation gibt es Bilder, die zu Sinnbildern für deutsche Geschichte geworden sind, etwa das Foto von Rudi Dutschke und Lord Ralf Dahrendorf, die während einer Demonstration auf dem Dach eines Autos diskutieren.

Was uns Babyboomer angeht, herrscht in jeder Hinsicht Fehlanzeige. Keine typischen Promis, keine Regierungsämter, keine historischen Fotos. Und doch prägen Babyboomer das öffentliche Leben in Deutschland und geben ihm – ganz wörtlich – ein Gesicht.

Giovanni di Lorenzo, Jahrgang 1959, ist Chefredakteur der Wochenzeitschrift „Die Zeit“. Damit wurde er zwar nicht Bundeskanzler, arbeitet aber mit einem früheren, Helmut Schmidt, unter einem Dach. Sportmoderator Gerhard Delling kann von sich sagen, der Schönere im Kommentatoren-Duo mit Günter Netzer zu sein. Katja Flint gehört zu den starken Schauspielerinnen ihrer Zeit, aber vor allem war sie mit dem österreichischen Schriftsteller Peter Handke liiert.

Der SPD-Politiker Sigmar Gabriel, zur Zeit Umweltminister, kann noch Bundeskanzler werden. Er arbeitet schon einmal daran, den Umfang des früheren Bundeskanzlers Helmut Kohl zu erreichen.

Im Jahr 1960 kam immerhin eine heutige Ex-Ministerin auf die Welt, die Grünen-Politikerin Andrea Fischer, die zwischen 1998 und 2001 das Gesundheitsressort verwaltet hat. Sie wurde erst mit ihrem Rücktritt so richtig bekannt. Nie zuvor hat jemand seinem Amt so erleichtert Adieu gesagt wie sie.

Die in der Politik Verbliebenen könnten auf der Bühne von Andreas Homoki auftreten, ebenfalls Jahrgang 1960 und Intendant der komischen Oper Berlin.

Unter den Einundsechzigern traue ich mich kaum, Fernsehschauspieler Dirk Bach als Babyboomer zu outen. Jede Generation, auch wir, braucht ein schwarzes Schaf. Thomas Baumann, Chefredakteur der ARD, teilt mit Dirk Bach nun wirklich nichts außer das Geburtsjahr, und für das kann er bekanntlich nichts.

Hauptsächlich ist 1961 das Geburtsjahr der Schauspielerinnen: Ulrike Folkerts, Martina Gedeck, Nina Hoger und Nastassja Kinski erblickten das Licht der Welt. Ihrer Schauspielkunst kam zugute, dass sie mit Dirk Bach nicht verwandt und nicht verschwägert sind. Bei Moderatorin Ulla Kock am Brink dagegen, ebenfalls Jahrgang 1961, wäre eine solche Verwandtschaft zu prüfen.

Guido Westerwelle gehört zu den mächtigsten Männern unter den 1961er-Babyboomern. Doch weil der Politiker bei der FDP unter Vertrag steht, kann er nie Bundeskanzler werden. Aber vielleicht hilft er einer Bundeskanzlerin oder einem Bundeskanzler einmal ins Amt und das können auch nicht viele von sich sagen.

Gabi Bauer, ein Jahr jüngere Fernsehjournalistin und -moderatorin, besann sich auf ihre Eigenschaft als Babyboomer und brachte gleich Zwillinge zur Welt. Schuh-König Heinrich Deichmann bietet in Babyboomer-Manier Ware für Massen – keine Stadt von fünf Einwohnern an aufwärts, in der nicht ein Geschäft mit seinem Namen grüßt.

Ulrike Draesner, Lyrikerin und Romanautorin, schrieb ihr – wie ich finde – bisher bestes Buch über ein Schlüsselerlebnis von uns Babyboomern, dem Olympia-Attentat 1972 in München. Die deutsche Politikerin Monika Hohlmeier,

Tochter des früheren bayerischen Ministerpräsidenten Franz Josef Strauß, sitzt in der CSU vorläufig auf der Strafbank.

Matthias Doepfner, Jahrgang 1963, ist als Vorstandschef des Springer-Verlags auch nicht Bundeskanzler geworden, aber sicher gehört er zur Handvoll Journalisten mit Handy-Draht zur Bundeskanzlerin. Stefan Holtzbrinck sitzt im Vorstand der gleichnamigen Verlagsgruppe und besitzt mindestens die Handy-Nummer von Matthias Doepfner.

Was die Allroundkünstlerin Ute Lemper zur Zeit macht, weiß ich nicht. Angeblich liegen ihr London, Paris und New York zu Füßen. Auf jeden Fall wird sie, wohin sie geht, den Geburtsjahrgang 1963 behalten. Das gilt auch für die Geigerin Anne-Sophie Mutter, die als erste von uns Babyboomern in Rente gehen will, wenigstens als Konzertmusikerin. Was macht sie bloß mit ihren nächsten 35 Jahren?

Sissi Perrlinger und Katja Riemann sind aus dem Fernsehen und von Kabarett-Bühnen nicht mehr wegzudenken. Doris Schröder-Köpf wird für die Erfindung des Wortes „Agenda 2010" in die Geschichte eingehen.

Keine Frage, ohne den Schauspieler und Züchter von Keinohrhasen, Til Schweiger, wären unser Leben – und die Träume seiner Fans – ärmer. Auch er kam 1963 zur Welt.

So wie Paul Nolte, der zu den wichtigsten Politikwissenschaftlern in Deutschland gehört. Er hat uns Babyboomer die „Generation Reform" getauft – schon dieser Optimismus macht ihn zu einem guten Typen.

Spiegel-Herausgeber Rudolf Augstein wurde 1964 Vater – seiner Tochter Franziska. Ben Becker kann toll schauspielern, wenn er nicht gerade für Bier wirbt. Kai Diekmann ist Chefredakteur der Bild-Zeitung, obwohl er in der schwäbischen Provinz, in Ravensburg, geboren wurde.

Der Vierundsechziger Kabarettist Rüdiger Hoffmann kann nichts dafür, dass er in derselben Stadt, Paderborn, wie der Gegentheologe Eugen Drewermann zu Hause ist. Es muss seinen Humor stark geprägt haben. Komiker Hape

Kerkeling kommt als Vierundsechziger ebenfalls in die Jahre und schreibt deshalb über Pilgerwege, was wiederum Eugen Drewermann gefallen dürfte.

Johannes B. Kerner ist einer der wichtigsten Protagonisten von uns Babyboomern. Er versteht viel von Politik, aber er verbirgt es und kommt deshalb ziemlich gut an.

Die Einsicht, dass Bärbel Schäfer so alt ist wie ich, hat mich die Arbeit an diesem Buch für ein halbes Jahr unterbrechen lassen. Ute Vogt, die stellvertretende Bundesvorsitzende der SPD, hätte ich einmal zum Tanz bitten können, denn wir befanden uns auf demselben Ball. Da hatte sie sogar noch ihre Mähne.

Wolfram Weimer, Chefredakteur der Zeitschrift „Cicero“, pflegt mit seinem Blatt eine Diskussionskultur, die er als Babyboomer noch erlebt hat. Ein Jüngerer könnte das Blatt nie leiten. Der bekannteste und beliebteste Babyboomer ist zweifellos Jürgen Klinsmann, wie Wolfram Weimer Baujahr 1964. Er bescherte Deutschland nichts weniger als ein „Sommermärchen“.

An Klinsi lässt sich gut beschreiben, was einen Babyboomer kennzeichnet: Ausgehend von der Gewissheit, einer von ganz vielen zu sein, überlegt er, was er kann, und entwickelt dieses Können bis zur Perfektion. Jürgen Klinsmann war in seinem Leben schon Bäcker, Fußballspieler, Unternehmensberater, Fußball-Bundestrainer und Fußball-Moderator. Weitere Verwendungen werden folgen, nicht nur bei ihm und den anderen Babyboomer-Promis, sondern bei uns Babyboomern überhaupt. Denn bis zu unserer Rente ist es noch lange hin.

Prominente Babyboomer haben durchaus etwas Schillerndes, aber sie stehen für niemand anderes als sich selbst. Jürgen Klinsmann nahm die Aufgabe des Bundestrainers nicht aus Liebe zu Deutschland an – von einer solchen Liebe konnte noch der fast zwanzig Jahre ältere Bundespräsident

Horst Köhler sprechen. Klinsi wog Chancen und Risiken rational ab. Emotionslos, ideologiefrei.

Keine Frage, auch ein Guido Westerwelle weiß zu schillern, aber für was steht er? Mit seinem neumodischen Wahlkampf im „Guidomobil“ und dem Besuch im RTL-Container-Fernsehen hat er der FDP, die immer noch etwas von einer Feine Leute-Partei hat, Ärger bereitet – aber eigentlich zeigte er nur, dass er ein Babyboomer ist. Guido Westerwelle hätte auch Glück und Jürgen Klinsmann Pech haben können.

Wir Babyboomer stehen für keine gemeinsame Weltanschauung, für keine politische Überzeugung oder Lebenshaltung. Schon gar nicht für eine Ideologie. In dem Wunsch und der Pflicht, nicht in der Masse unterzugehen, leben wir Eigenschaften wie Flexibilität und Wendigkeit. Wir denken und handeln pragmatisch. Angehörige früherer Generationen mögen darin ein Durchwursteln sehen. Aber eine Generation muss immer auch den Bedingungen Rechnung tragen, die sie vorfindet.

Wegen unserer Prägung verehren wir auch keine Helden. Niemand von uns würde sagen, Jürgen Klinsmann sei ein Held unserer Generation. Die Zeitumstände, die Klinsi geprägt haben, förderten ihn auf seinem Weg, doch entscheidend war ja wohl sein Talent.

Wenn mir jemand sagt: Jürgen Klinsmann ist ein Held für Jung und Alt, für alle Generationen, stimme ich zu. Er lebt beispielhaft Eigenschaften vor, um die sich viele Menschen, auch wir Babyboomer, im eigenen Alltag bemühen.

Die Babyboomer sind die letzte Generation, bei der sich eine Familie von selbst gegründet hat. Die Kinder kamen, weil sie geplant waren, aber häufig – häufiger als in den späteren Generationen – kamen sie ganz ohne Plan.

Für Eltern von Babyboomern stand es außer Frage, dass sie Kinder wollten. Die Familie galt als Weg zum persönlichen Glück und stand als Institution gesellschaftlich in hohem Ansehen. Diese Haltung mögen wir in der Rückschau schön finden – nützlich war sie auch. Die sichere Verhütung ließ noch auf sich warten und eine Abtreibung galt als gefährlich – selbst wenn sich eine Frau dazu entschloss, gegen ein Gesetz zu verstoßen, riskierte sie ihre Gesundheit, ja ihr Leben.

Babyboomer hatten häufig junge Mütter und Väter, die ihre neue Rolle in ihren zwanziger Lebensjahren annahmen. Sie taten es, wie alle Eltern der Generationen vor ihnen, ohne Baby-Ratgeber aus der Apotheke, ohne Bücher und vor allem ohne professionelle Begleitung. Im besten Fall hatten die Mütter Geschwister, die halfen, oder die eigene Mutter und Schwiegermutter. Es musste irgendwie gehen. Die Väter mischten nicht mit, sie waren auf Arbeit oder erholten sich gerade davon. Es gab noch keine Fünf-Tage-Woche und keinen Acht-Stunden-Tag. An die Möglichkeit, ihrer Tochter oder ihrem Sohn eine Gute-Nacht-Geschichte vorzulesen (in späteren Generationen eine Selbstverständlichkeit), dachten sie noch nicht.

Während sich die Mütter vom täglichen Erziehungskampf belehren lassen und flexibler werden mussten, plapperten die ungeübten Väter die Sprüche ihrer eigenen Väter nach. Den Satz „Solange du deine Füße unter meinen Tisch streckst, entscheide ich, was passiert“, habe ich auch noch gehört.

Allerdings schlugen sie nicht mehr so zu wie noch ihre eigenen Eltern. Ich habe als Kind manchmal eine Ohrfeige, aber nie eine Tracht Prügel bekommen, schon gar nicht mit einem Stock. Meine Eltern wussten, wie sich das anfühlt, und haben es ihren Söhnen erspart.

Voraussetzung dafür, dass dieses Familienmodell funktionierte, war ein Verzicht der Mutter auf ein selbstbestimmtes Leben. Dass sie vor ihrer eigentlichen Aufgabe „etwas lernen" durfte, wie mein Großvater zu sagen pflegte, war ihr gönnerhaft zugestanden. Ihnen blieb nur (und viele von ihnen taten es gern), ihr Selbstwertgefühl über ihre berufstätigen Männer zu beziehen.

An der Mutter lag es auch, die Familie – ganz wörtlich – zusammenzuhalten. Schon vor der Zeit, als das literarische oder persönliche Ratgebertum über die Menschen kam, traten in Partnerschaften und Ehen Probleme auf. Dann drückten Mutter und Vater um der Kinder willen ihre Zweifel weg, die Frauen meistens größere Zweifel als die Männer. Die Mütter wussten ja auch, dass sie wirtschaftlich nicht auf eigenen Beinen stehen konnten.

Eine Trennung kam zu dieser Zeit einfach nicht in Frage. Meine Mutter erzählte mir einmal eines Mittags sehr überrascht, dass Frau Sowieso, die bisher in der Nachbarschaft wohnte, ausgezogen sei. Einfach eine eigene Wohnung genommen habe. Diese Frau hatte sich schon immer etwas anders verhalten als andere. Seit ein paar Monaten gehörte sie zum Beispiel dem Ensemble eines Freilichttheaters an.

Meine Eltern verstanden sich gut. Doch wäre es anders gewesen, hätten sie sich trotzdem nicht getrennt. Eine Ehe galt noch als Bund fürs Leben. Wir Babyboomer sind keine Scheidungskinder.

Dann kam die Pille und mit ihr eine neue Statik für die Institution Familie. Die Pille schuf mehr Gerechtigkeit, denn endlich konnten Frauen souverän darüber entscheiden, ob und wann sie ein Kind wollten. Die Pille machte die Familie damit aber zugleich brüchiger, weil die Frau, wenn sie ihren Kinderwunsch zurückstellte, beruflich ihren Weg machen konnte und damit auch nicht mehr auf das Geld des Mannes angewiesen war.

Auch die Größe der Familie änderte sich. Während der Babyboomer-Jahrgänge hatten die Deutschen durchschnittlich zwei Kinder, später ging der Trend hin zur sogenannten Kleinfamilie, mit einem. Das Kind wurde zu einem Projekt neben anderen.

Ich habe als Student die Trümmer einer solchen „Kleinfamilie" aus nächster Nähe gesehen. Als Matthias zehn war, dauerte der „Rosenkrieg" zwischen seinen Eltern immer noch an. Matthias schien dem psychischen Stress am besten gewachsen. Später forderte er von seiner Mutter die Gegenleistung ein – er zog erst mit 30 aus „Hotel Mama" aus.

Es geht mir nicht um das Besser oder Schlechter eines Modells. Ich wundere mich nur darüber, wie schnell die Zeit über ein Bild von Familie, das uns Babyboomer geprägt hat, hinweggegangen ist. Und wir selbst wundern uns über dieses Bild auch. Babyboomer leben heute als Mutter oder Vater ganz selbstverständlich die „Patchwork-Familie", eine Neugründung aus zerbrochenen Partnerschaften und Familien. Vielleicht erleben wir Babyboomer noch die Öffnung der „Patchwork-Familie" für mehrere Generationen – allerdings nicht in dem Sinn, dass jetzt wieder Oma und Opa bei uns leben, sondern dass der leibliche Vater nicht auszieht, sondern seine neue Partnerin ins Haus holt – und die Mutter ihren neuen Partner auch. Mehrere Ehe-Generationen unter einem Dach? Wir werden sehen.

Von Max von der Grün gibt es die köstliche Geschichte, wie er mit seiner Familie eine Anti-Weihnachtstradition begründet und Freunde und Bekannte damit angesteckt hat: Der Weihnachtsbaum blieb zwar erhalten, aber die von der Grüns behängten ihn mit Ostereiern. Statt „Stille Nacht, Heilige Nacht“ lief am Heiligabend „Alle Vöglein sind schon da“.

Einen solchen Unsinn würde uns Babyboomern nie einfallen. Ein Babyboomer möchte nichts anderes als das Weihnachten seiner Eltern und Großeltern feiern.

Könnte man Super-8-Filme zum Weltkulturerbe der Menschheit erklären, wie es die UNESCO mit Tempeln tut, ein Streifen über einen Heiligabend in den Sechzigern bei Familie Rupps wäre dabei. Mein Onkel hielt in der einen Hand die Schmalfilm-Kamera, in der anderen die Halogenlampe, wegen seines superhellen, Wärme erzeugenden Lichtes der Killer aller Weihnachtsstimmung. Der Film zeigt, wie im gleißenden Licht Weihnachtsgeschenke ausgepackt werden. Ich, vielleicht drei, vier Jahre alt, spiele mit einem Plastik-Lastwagen. Mein Vater erhält einen Nussknacker, das alternative Papa-Geschenk zur Krawatte. Im Hintergrund stehen ein Weihnachtsbaum mit elektrischem Licht und roten Kugeln. Rechts neben dem Weihnachtsbaum grüßt ein Wohnzimmerschrank Eiche rustikal mit verzierten Schubladen – leider nicht nur an Weihnachten, sondern das ganze Jahr über.

Wem solche Rituale – ganz wörtlich – in die Wiege gelegt wurden, wird sie nie mehr los. Noch heute beginne ich, wie schon meine Großmutter, Ende November über Geschenke für Eltern und Freunde nachzudenken.

Meine Mutter schenkte mir bis vor einigen Jahren Anfang November einen dieser Adventskalender aus dem Supermarkt mit einem kitschigen Bären-Motiv und Schokolade hinter den Fenstern. So lange sie es tat, traute ich mich nicht, mit dieser Tradition zu brechen. Es fiel mir zwar schwer, einen Monat lang jeden Morgen Schokolade zu essen, und oft ließ ich sie bis zum Mittag liegen. Seit meine Mutter mir keinen Kalender mehr schenkt, weil sie glaubt, ich sei zu alt dafür, fehlt mir etwas. Die Adventszeit ist doof ohne einen Kalender voller Schokolade!

Einmal erfuhr die Adventszeit für uns Babyboomer eine jähe Unterbrechung – an einem 9. Dezember wurde John Lennon ermordet. Wir mussten einsehen: Jetzt können die Beatles nie mehr zusammen auftreten. Seine Solo-Karriere und seine merkwürdige Partnerschaft mit Yoko Ono war zwar an uns vorbeigegangen. Aber dass dieser friedliebende, friedensstiftende Mensch erschossen wurde, berührte auch uns. Einen wie John Lennon wird es nie mehr geben.

Sonst verbrachten wir Babyboomer unsere Adventszeit in „Oh du Fröhliche" dudelnden Kaufhäusern und auf Weihnachtsmärkten, wo Wollsocken und Nussknacker verkauft wurden. Mit jeder Woche, die Heiligabend näher kam, stieg das Maß an Heimlichkeiten: Plötzlich durften wir nicht mehr in die Garage (weil dort Plastik-Bobs für uns bereitstanden, wie sich bei der Bescherung herausstellte) oder an den Kleiderschrank der Eltern. Die Großmutter wurde gegen ihre Natur einsilbig.

Nach Wochen, die uns wie ein ganzes Jahr vorkamen, war der ersehnte Tag da: Heiligabend! Mein Vater holte den im Fischernetz verpackten Tannenbaum vom Balkon, spitzte das Ende mit einer Axt und schraubte den froschgrünen Christbaumständer daran. Der Baum war auch dieses Jahr wieder teurer („sonst gab es nur krumme Bäume") und größer („die kleinen Bäume taugten nichts") ausgefallen als geplant. Meine Mutter nahm die Verbaumung des Wohnzimmers mit Gleichmut hin.

Die elektrischen Weihnachtskerzen der sechziger und siebziger Jahre sahen so künstlich aus, dass sie schon wieder schön waren. Damit sie leuchteten, musste der Stromkreis geschlossen sein. In jeder deutschen Familie gab es einen Bösewicht, der eine Kerze an einer fiesen, schwer zugänglichen Stelle leicht aus der Fassung drehte, um die Lichterkette lahmzulegen.

Auf die feinen Zweige kamen – natürlich – rote Kugeln, Walnüsse an grünen Bändeln und Engel, die lieber fliegen wollten.

Der wahre deutsche Weihnachtsbaum stand allerdings bei meinen Großeltern. Weil er noch größer war (er füllte ein Viertel des Wohnzimmers aus), musste mein Großvater die Spitze abschneiden. Diese Defloration wurde mit einer goldenen Krone auf der Baumspitze vergessen gemacht. Zwischen Lichterkette und roten Kugeln fügte er fünf Tonnen Lametta ein, das amerikanische Element am Ensemble.

Im Angesicht dieses Monstrums verbrachten wir, so lange ich denken kann, den Nachmittag des Heiligabends, der ja eigentlich ein Tag ist. Als Kinder vertrieben wir uns mit Brettspielen wie „Mühle“ und „Malefiz“ – für „Mensch ärgere dich nicht“ waren die Nerven zu angespannt – die langsam verrinnende Zeit. In späteren Jahren nahmen uns die Erwachsenen in das Gespräch nach dem üppigen Mittagessen auf, was die kleine Wohnstube völlig überfüllte.

Diese Stunden liefen nach einem festen Drehbuch ab, was ich, als es seinen Lauf nahm, belächelte, und heute, da das Buch zugeklappt ist, vermisse. Wir würden so viel essen wie sonst in einem Monat. Unsere Tante würde Fotos machen (mit einer Ritsch-Ratsch-Klick-Pocketkamera und Blitzwürfeln darauf), die zum nächsten Weihnachten in Bilderrahmen aus rotem und schwarzem Leder auf der Vitrine stehen würden. Mein Vater würde seinen Eltern einen Opel-Kalender mitbringen, weil er bei Opel arbeitete. Bei dem Kalender würde man ein rotes Papp-Quadrat jeden Tag in einen Schlitz mit dem aktuellen Datum stecken können. Mir würde wieder einmal auffallen, dass die Backsteine am

Ofen nur tapeziert, nicht gemauert sind. Großeltern und Tante würden uns zu Weihnachten Geldscheine in Briefumschlägen mit unseren Namen darauf schenken und das mit dem Satz kommentieren, dass wir uns davon etwas Schönes kaufen sollten.

Auf diese Weise habe ich all die Jahre „Wir warten aufs Christkind" im Fernsehen versäumt. Das lief immer zur Überbrückung des Bescherungsfiebers zwischen Nachmittag und frühem Abend.

Jedes Jahr vor Sechs fuhren wir nach Hause, wo das Ritual seine Fortsetzung fand. Die Kinder gingen in ihr Zimmer, Mutter und Vater richteten in ewig langen Minuten das „Weihnachtszimmer" her: Die Bobs kamen aus der Garage unter den Baum, James Last intonierte „Christmas dancing", aber nur zwanzig Minuten lang, dann musste die Platte gedreht werden. Einmal sollte ich vor der geschlossenen Wohnzimmertür „Alle Jahre wieder" auf der Blockflöte spielen, doch ich war so aufgeregt, dass mir die Puste wegblieb. Auch der alljährliche Versuch meiner Mutter, vorher gemeinsam noch ein Weihnachtslied zu singen, scheiterte.

Nach der Bescherung waren alle Akteure erschöpft. Eine wochenlange Anspannung fiel von uns ab.

Aber das Drehbuch setzte unerbittlich Termine. Nach Zehn besuchten wir den Weihnachtsgottesdienst unserer Kirchengemeinde. Jedes Jahr nahmen wir uns vor, rechtzeitig zu fahren, um einen Platz auf einer Kirchenbank zu bekommen, aber diesen Vorsatz hatten außer uns auch andere gehabt. Wir mussten natürlich stehen. Mir fielen die Baumaßnahmen in der Kirche während des letzten Jahres auf. In der Heiligen Messe bat der Pfarrer darum, dass die vielen Besucher nicht nur an diesem Abend, sondern auch das Jahr über in die Messe kommen mögen.

Das ärgerte mich. Ich wollte nicht belehrt werden. So erlebte ich die katholische Kirche von klein auf: Mein Kommunionsbild zeigt eine Christus-Darstellung mit erhobenem

Zeigefinger. Schon im ersten Religionsunterricht bedeutete Glauben zu gehorchen. Und jetzt wieder so ein Schulmeister.

Die Messe endete mit dem gemeinsamen Singen von „Stille Nacht, Heilige Nacht": Schön, dass der Pfarrer wenigstens das belassen hat.

An den folgenden zwei Tagen fragte ich mich, wem oder was die Vorfreude in der Adventszeit gegolten hat. Jugendliche wie ich mussten in den Wohnungen der Eltern bleiben und konnten nicht weg. Am ersten und zweiten Weihnachtsfeiertag kamen Verwandte, auf die ich das Jahr über gut verzichten konnte. Sie fragten mich, wie es mir gehe, was die Schule machte, und drückten ihr Bedauern darüber aus, dass man sich nicht öfter sehe. Ich fragte sie, wie es ihnen gehe, was die Schule oder die Arbeit mache, und drückte mein Bedauern darüber aus, dass man sich nicht öfter sehe. Wir sagten immer „Tschüss" und dass wir bald einmal telefonieren würden. Es wurde nichts daraus.

Eine gewisse Abwechslung brachte der Dia- oder gar Filmabend im Familienkreis. Dabei gab es jedes Jahr eine technische Panne. Für einen Babyboomer ist Weihnachten ohne eine technische Panne nicht zu denken.

Dias anzusehen war, selbst wenn alles gut ging, umständlich: Projektor auf einen Bücherstapel stellen, Leinwand aufbauen, Zimmer abdunkeln, zwischendurch die Dias, weil ihre Motive auf dem Kopf standen, richtig herum in das Magazin einsetzen. Wenn das Dia noch im Papprahmen stand – eben so, wie es aus dem Labor kam – und noch nicht in eine Plastikhülle „umgerahmt" war, konnte es sich leicht aufheizen und vor aller Augen schmelzen. Auch die Umrahmung hatte Tücken: Das Dia-Positiv konnte beim Schließen des Rahmens verrutscht sein, so dass rechts oder links außen Perforationslöcher zu sehen waren. Oder es blieb ein – jetzt historischer – Fingerabdruck zurück.

Trotzdem hatte jeder Babyboomer mindestens einen Onkel in der Familie, der Verwandte an Weihnachten mit Dia-

Abenden über die jüngste Bergexpedition oder den Tauchgang beglückte. Weil das einzelne Dia wenig kostet und es deshalb nicht aufs Geld ankommt, durften wir einen exotischen Fisch gleich zwanzig Mal, in verschiedenen Stellungen, bestaunen. Dieser Onkel brachte meistens eine besonders ausgefeilte Projektionstechnik mit, deren Instandsetzung nach einer Panne doppelt so viel Zeit brauchte wie sonst.

Die Wahrscheinlichkeit von Pannen stieg beim Vorführen von Normal-8- oder Super-8-Schmalfilmen ins Unermessliche. Normal-8 haben nur die früheren Babyboomer unter uns erlebt. Der Filmstreifen war schon so breit wie beim späteren Super-8, aber die Perforationslöcher, in die sich das Zahnrad des Projektors drückte, größer und der Platz für das Bild entsprechend kleiner. Das machte auch das Bild auf der Leinwand kleiner.

Natürlich hatten wir den Projektor genau ein Jahr vorher, an einem 25. Dezember, zum letzten Mal benutzt. Gerade jetzt gab die Glühbirne beim Einschalten den Geist auf. Oder der Film trug von der letzten Vorführung ein Eselsohr davon und fädelte sich nicht in den Projektionslauf ein. Selbst wenn das alles funktionierte, konnte der Projektor noch vom provisorisch aufgeschichteten Bücherstapel fallen, etwa wenn einer von uns aufs Klo musste und über das Netzkabel des Gerätes stolperte. Weil elektronische Geräte damals noch aus Blech und nicht aus Plastik waren, hielten sie solche Prüfungen aus.

Ging alles glimpflich ab, bot sich uns ein einmaliges (weil einmal im Jahr dargebotenes) Filmerlebnis. Die Bilder blieben leider stumm. Sündhaft teure Projektoren mit Ton, einem miserablen, gab es nur in der Schule. Ein Super-8-Projektor ratterte, als wolle er gleich seinen Geist aufgeben. Diese Technik eignete sich eigentlich nur, wenn man eine Vogelscheuche bei völliger Windstille filmte – andernfalls verwackelten die Bilder oder waren unscharf.

Aber es gab nichts anderes.

Um eine Viertelstunde Film von seiner Familie zu produzieren, brauchte mein Vater endlos viele, jeweils 16 Mark teure Zweieinhalb-Minuten-Kassetten. Wegen des hohen Preises filmte er nur gestellte Szenen. Sie haben uns Babyboomer meistens ziemlich peinlich erscheinen lassen.

Natürlich weiß ich erst heute, da kein Super-8-Film mehr produziert wird, was wir an dieser Technik hatten. Sie verlangte dank ihres hohen Preises ein genaues, bewusstes Hinsehen und ein Auswählen. Es musste reichen, vom Baby im Laufstall 15 Minuten zu drehen und nicht, wie heute mit Digicam, 150. Und es war eine sinnliche Technik, die wir noch hören konnten. Das Surren der Kamera und das Rattern des Projektors bleiben unvergessen.

Heute erlaubt die Technik, geradezu wahllos zu filmen. Sie erlaubt sogar auch schon das Abspielen des Filmes in der Kamera selbst oder auf dem Flachbildschirm im Wohnzimmer oder auf der Leinwand eines Beamers. Doch unsere VHS-Aufnahmen der ersten Jahre sind bereits verblichen, für immer zerstört.

Keine Vorführung am Fernseher reicht an die Exklusivität und Sinnlichkeit eines Super-8-Filmabends, wie wir Babyboomer ihn noch kennen, heran. „Normal-8" und „Super-8" waren weniger als Kino, aber mehr als Fernsehen. Die flackernden, lichtstarken Bilder dieser Technik gingen ans Herz. Nicht nur die Filme selbst, sondern auch die Abende, an denen die Filme vorgeführt wurden. Die Vorführung war noch ein Event, wie man heute sagen würde.

Leider endete Weihnachten nicht mit einem solchen Filmabend, sondern mit dem Nadeln des Baumes und dem Umtauschen von Geschenken, weil das Hemd zu klein gewählt war oder dasselbe Puzzle-Motiv schon im Schrank lag. Nein, wir Babyboomer haben auch Weihnachten nicht revolutioniert. Wir feiern es noch immer so wie in unserer Kindheit und Jugend, aber wir tun es angeblich nur wegen der Kinder, die sich so sehr darauf freuen, oder wegen unserer Eltern, mit denen das nächste Weihnachtsfest das letzte sein kann.

In Wahrheit wollen wir es selbst so und nicht anders. Auch wenn wir, weil es keine Filme mehr gibt, den Super-8-Projektor längst verschrottet haben.

Jürgens Vater verkaufte Maschinen, im Außendienst. Er besuchte mögliche oder schon gewonnene Kunden und bot die Produkte seiner Firma an. So war er viel unterwegs – und weg von seiner Familie, seiner Frau, einer Tochter und zwei Söhnen. Gleichwohl setzte er viele Zeichen seiner Anwesenheit – äußerliche wie die Doppelhaushälfte, die er bis zur Rente abbezahlen würde, und die jedem der Kinder ein eigenes Zimmer erlaubte. Auch sonst ging das Geld für die Kinder drauf, die alle das Gymnasium besuchten, um einmal beruflich voranzukommen.

Noch wichtiger waren die Werte, für die der Vater stand, und mit denen er – zusammen mit seiner Frau – die Kinder prägte. Die Haushälfte und der Opel Rekord E vor der Tür setzten das Signal: „Seht her, zu was ihr es bringen könnt, persönlich und finanziell, wenn ihr fleißig seid und euch wie ich einzuordnen wisst – einzuordnen in eine Firmenhierarchie oder eine soziale Gruppe wie den Tennisverein. Müht euch nur ab und ihr kommt nach oben“.

Oberster Wert war Sicherheit. Jürgens Eltern hatten an ihren eigenen Eltern erlebt, wie eine Weltwirtschaftskrise das Vermögen und ein Krieg die Wohnung oder das Haus vernichten kann. Sich absichern, für Krisenzeiten gewappnet sein, etwas Ordentliches lernen, mit dem man „nichts falsch machen kann“, wie die gängige Formulierung lautete – so haben sie es selbst gemacht und es die drei Kinder gelehrt. So dachten viele Eltern von uns Babyboomern und gaben es weiter.

In der Familie selbst ließ die Frau dem Mann das letzte Wort. Allein der Umstand, dass er das Geld nach Hause brachte und sie nicht, räumte ihm eine Sonderstellung ein. Der Mann konzentrierte sich auf die Rolle des materiellen Versorgers, weil er für mehr keine Zeit hatte und es auch nicht anders wollte. Die Frau gab dem Familienbund eine Seele – mit Warmherzigkeit, aber auch mit dem Prinzip von Strafe und Belohnung steuerte sie das Schiff zwischen alle Klippen hindurch. Sie betrachtete die Familie als Mittelpunkt ihres Lebens.

Die Frau hatte nach der Schulzeit eine Lehre gemacht und kurz im Beruf gearbeitet, aber nach der Heirat und dem ersten Kind die Rolle der „Hausfrau" angenommen. Die Kinder großzuziehen, beanspruchte sie ganz, füllte sie aber auch aus. Erst als die Kinder größer waren, ging sie wieder für ein paar Stunden in der Woche arbeiten, als Verkäuferin in einem Geschäft.

Ihre Freizeit verbrachte diese Frau gemeinsam mit den Kindern auf dem Tennisplatz. Dadurch lebte sie eng mit ihren Kindern zusammen und traf zugleich andere Mütter mit Kindern. Abends kam manchmal der Vater hinzu, doch dann sprach er wenig. Bestimmt ging ihm noch der Wunsch eines schwierigen Kunden durch den Kopf.

In dieser Familie herrschte keineswegs nur eitel Sonnenschein. Während die Tochter ihre Pubertät friedlich durchstand, strauchelte der Sohn in der Schule und blieb sitzen. Seine Eltern empfanden das als peinlich. Eine Klasse wiederholen zu müssen, galt noch nicht als Kavaliersdelikt.

Einer solchen Situation war der Vater nicht gewachsen. Einerseits war er von seinem Sohn enttäuscht, er hatte von ihm mehr Leistungsbereitschaft erwartet. Andererseits wusste er, dass er nicht mehr reagieren konnte, wie es sein Vater bei ihm getan hätte, mit Standpauken und vielleicht mit Prügel. Unfähig, angemessen zu handeln, sprach er die Nicht-Versetzung mit keinem Wort an. Jürgen erzählte mir später, dass ihm ein Donnerwetter des Vaters viel weniger weh getan hätte als sein Schweigen.

Die Mutter fragte sich, was sie persönlich falsch gemacht hatte, dass eines ihrer Kinder sitzen blieb. Sie füllte ihre Rolle als Familienklammer souverän aus, solange sie die gemeinsamen Werte in dieser Familie nicht erschüttert glaubte. Aber jetzt, da der älteste Sohn die stille Übereinkunft über gemeinsame Werte gebrochen hat, war sie mit ihrem Latein am Ende.

Jürgen und wir anderen Babyboomer kriegten uns – wenigstens aus der Sicht unserer Eltern – irgendwann wieder ein. Zu keiner Zeit, auch nicht in der Pubertät, begehrten wir gegen Mutter und Vater wirklich auf. Wenn in der Haushälfte meines Freundes „dicke Luft" herrschte, zog sich Jürgen, unverstanden von der Welt und besonders von seinem Vater, in sein gemütliches Dachgeschoss-Zimmer zurück, dessen Dachschräge natürlich der Vater mit Holz verschalt hatte. Dann legte Jürgen eine Rockplatte auf, drehte die Lautstärke hoch und nahm aus seiner Mini-Bar einen Martini mit Eis. Ein Mädchen hätte sich jetzt einen Persiko eingeschenkt.

In anderen Familien mit Babyboomer-Kindern drückte sich die Revolte gegen die Eltern heftiger, aber nicht wirklich heftig aus. Töchter und Söhne fingen heimlich zu rauchen an, gründeten eine Mofa-Clique und „frisierten" ihr Mofa. Sie hämmerten Nieten in die Jeans-Jacke und ließen sich ihre Haare schulterlang wachsen. Aber lange Haare sind kein Tatoo, mit einem Gang zum Friseur ist alles korrigierbar.

Dass wir Babyboomer uns offen gegen die Eltern gewandt, sie als Spießer beschimpft oder so schnell es ging von ihnen Reißaus genommen hätten – nein, das war nicht unser Ding. Wir hatten ihnen keine Vorwürfe zu machen so wie Angehörige der Achtundsechziger-Generation oder ihrer „Zaungäste". Unsere Mütter und Väter waren während des „Dritten Reiches" zu jung, um Verantwortung zu tragen. Vielleicht hatten sich ihre Eltern schuldig gemacht, doch sie selbst befassten sich nicht mit Politik. Sie wollten sich durch eigene Leistung etwas aufbauen, auch für ihre Kinder. Bei allen Zusammenstößen, die auch wir Babyboomer mit unseren Eltern hatten, wussten wir immer, dass wir Verbündete brauchten, um in unserer Masse zu überleben, und da konnten sogar die Eltern Verbündete sein.

Viele Babyboomer erzählen mir, dass sie nicht mit ihren Eltern, sondern mit älteren Geschwistern den Wettstreit gesucht haben. In der Jugend machen, anders als später, zwei, drei Jahre Altersunterschied viel aus. Der Bruder durfte schon Mokick fahren, während wir selbst noch mit dem 32 Kilometer langsamen Mofa unterwegs waren.

Ich möchte unser Verhältnis zu unseren Müttern und Vätern nicht verklären. Wir Babyboomer hatten noch nicht die Mutter, die später, als wir erwachsen waren, unsere beste Freundin und Ratgeberin wurde. Das kam erst in späterer Zeit. Unsere Väter haben uns noch keine Gute-Nacht-Geschichten vorgelesen. Aber wenn wir in der Pubertät von „unserer Alten“ oder „unserem Alten“ sprachen, schwang immer auch Respekt mit, Respekt vor der Arbeit, die sie innerhalb ihres Lebenskreises leisteten.

Ich nahm es zum Beispiel mit Respekt und Humor, wie sich mein Vater die Loyalität seiner Geschäftspartner sicherte. Diese Loyalität wurde auf eine harte Probe gestellt.

Die Frau eines Geschäftspartners pflegte zu sticken. Die Ergebnisse – langweilige „Stilleben“, zwischen rustikales Holz gerahmt – verschenkte ihr Mann an Geschäftspartner, darunter meinen Vater. Ich kann mir sein Gesicht vorstellen, wie er sich gleichmütig für das unverhoffte Geschenk bedankt hat. Am Abend trug er uns am Esstisch die Frage an, wie mit der neuen Lage zu verfahren sei. Wir beschlossen eine Doppelstrategie: Das kitschige Bild kommt an keines unserer Wände, bleibt aber in Griffnähe, falls der Geschäftspartner einmal seinen Besuch ankündigen oder, noch schlimmer, unangemeldet an der Haustür stehen sollte. Für diesen Fall war dem „Stilleben“ bereits ein vom Flur gut einsehbarer Platz, über den der Geschäftspartner nicht hinwegsehen konnte, zugedacht.

Mein Kontakt zu Jürgen hat sich nach der Schulzeit verloren. Viele Jahre später trafen wir uns zufällig wieder. Er erzählte von seiner Frau und seinen Kindern, und dass seine Schwester inzwischen auch verheiratet und Mutter sei. Der Bruder studierte zu der Zeit und wohnte noch bei seinen Eltern, aber nicht mehr im ersten Stock, wo die Eltern ihr Schlafzimmer haben, sondern unter dem Dach, ganz für sich.

Bereits als Jürgens Bruder jünger war, durfte er abends wegbleiben, so lange er wollte. Als er 18 war, hatte er ein Auto vor der Tür. Eltern reifen an ihren Kindern mit. Die Kämpfe, die Jürgen und – selten – seine Schwester ausfechten mussten, blieben Frank erspart.

In der Art, wie Jürgen sprach, erinnerte er mich sehr an seinen Vater, so wie seine Schwester schon immer ihrer Mutter geähnelt hat.

Die Eltern von Andrea, Jürgen und Frank sind bestimmt stolz darauf, was aus ihren Kindern geworden ist. Und die Kinder haben kein Problem damit, dass die Eltern stolz auf sie sind.

Um festzustellen, was eine Babyboomer-Kindheit ausmacht, bin ich vergangenes Wochenende in den Keller gegangen. Ich halte es mit meinen Spielsachen aus Kinder- und Jugendtagen wie andere mit Schallplatten: Natürlich brauche ich sie nicht mehr, doch ich werfe sie auch nicht weg. Spielsachen sind Kilometer-Steine am eigenen Lebensweg.

In den beiden Kartons, die etwa 15 Umzüge gut überstanden haben, befinden sich Cowboy-Figuren aus Plastik, Auto-Quartette, Mattel-Matchbox-Autos, Plastik-Tiere (am meisten mochte ich das Nilpferd), Plüschtiere (mit roten Lippenstift-Punkten, dem Blut beim Onkel Doktor-Spiel) und Puzzle-Spiele. Ob bei den Puzzles Teile fehlen?

Bei diesem bedeutenden Ortstermin reifte in mir die Einsicht, dass ich zwar eine schöne Kindheit hatte, aber eine ohne Marken. Mädchen und Jungs spielten mit Bauklötzen, die Mädchen zogen Puppen an und aus und die Jungs schraubten Kräne aus Bauteilen zusammen. Mädchen kombinierten an den Puppen Kleider in Froschgrün und Türkis, ihre eigene Mode 30 Jahre später, Jungs leisteten mit Elektrobaukästen den Beweis dafür, dass Edisons Glühbirne wirklich funktioniert.

Zur musikalischen Untermalung unserer Kindheit und Jugend dienten unzählige „Europa"-Schallplatten mit Märchengeschichten. „Rübezahl" flößt mir bis heute Furcht ein.

Aber was war etwas ganz Typisches, ein Kennzeichen, eine Marke unserer Zeit? Wieder Fehlanzeige. Angehörige späterer Generationen werden sich im Altersheim zuraunen: Welche „Benjamin Blümchen"-Folge hast du am liebsten gehört? Weißt du noch, wie Bibi Blocksberg ... Kennst du die neueste illegale Fortsetzung der „Harry Potter"-Reihe aus dem Internet?

1974 kam Playmobil auf den Markt, aber der Playmobil-

Virus hat erst die Generation Golf infiziert. Kein Zweifel, wir hatten eine ziemlich markenfreie Kindheit. Wie konnte das bloß gehen?

Die Kindheit und Jugend von uns Babyboomern verlief noch weniger standardisiert als später. Im Vergleich zu den technischen Erfindungen, Klamotten-Marken und Betreuungsangeboten („musikalische Früherziehung"), die heute Kinder und Jugendliche erwarten, lebten wir in einem kulturellen Armenhaus. Deshalb ergriffen wir noch selbst die Initiative zur Gestaltung unserer Zeit, radelten zu einem Schulfreund oder verabredeten uns zum Spielen auf der Straße. Die Mädchen tanzten ihren Gummi-Twist oder hüpften zwischen „Himmel und Hölle", auf Feldern mit Zahlen, die sie mit Kreide auf den Gehweg gemalt hatten. Die Jungs spielten Fußball oder machten Klingelputz. Die Mädchen gruben Löcher und wollten darin ihre Murmeln landen lassen, die Jungs steckten Stinkbomben in Briefkästen.

Mädchen und Jungs machten auch viel gemeinsam, sie borgten einander Stelzen oder den orangenen Hüpfball. Sie schossen auf Rollschuhen über den Asphalt. Rollschuhe sind die Ahnen von Skateboards und Inlinern. Zwei Rollschuhfahrer auf dem Gehweg machten mehr Lärm als eine Concorde über dem Haus.

Kindheit und Jugend, das bedeutete viel unterwegs zu sein, viel unter freiem Himmel zu leben, auf der Straße, auf Wiesen und im Wald, bis die Dunkelheit über den Tag hereinbrach. Für Höhepunkte sorgte der Jahreslauf, Ostern, der Nikolausabend, natürlich Weihnachten und die Fahrt in den Urlaub.

Weil Flugreisen noch teuer waren (Babyboomer erinnern sich haargenau an ihren ersten Flug, so wie sich unsere Eltern an die erste Fahrt in einem Auto erinnern) und Zugfahren ewig lang dauerte (Bahnstrecken waren häufig noch nicht elektrifiziert), fuhren wir überall im Auto hin. Was heißt überall? Der Ostblock wurde gemieden. Die einfache

Fahrt nach Griechenland, durch ein damals noch geeintes Jugoslawien, dauerte 18 Stunden. Der Wurzenpass, die Zufahrt nach Südeuropa, wurde erst in den letzten Jahren untertunnelt. Viele von uns Babyboomern mussten auf dem Rücksitz des Familienautos auch noch den Gotthard überqueren – ohne Walkman, „Gameboy“ oder DVD-Rekorder zur willkommenen Abwechslung.

Zu den Höhepunkten des Jahres gehörte auch die eigene Geburtstagsfeier. Mangels Marken feierten Millionen von Babyboomer-Kindern Millionen von unterschiedlichen Kindergeburtstagen. Okay, das „Blinde Kuh“-Spiel gehörte immer dazu, das Salz-auf-einem-Löffel-Tragen oder, wie schon erzählt, die ABBA-Tanzaufführung. Auch mit dem Versteckedich-Spiel ließ sich wunderbar Kurzweil erzeugen.

Doch was ein standardisiertes Fest bedeutet, habe ich erst Jahre später erlebt, als Matthias auf eigenen Wunsch seinen Geburtstag bei McDonald's feierte. Stundenlang machte eine McDonald's-Mitarbeiterin Spiele mit den Kindern, dazu gab es – natürlich – McDonald's-Cola und McDonald's-Hamburger. Eine Materialschlacht wurde geschlagen. Matthias fand den Nachmittag supertoll und seine Freundinnen und Freunde auch. Hinterher kam ich mir, obwohl noch jung an Jahren, ziemlich alt vor.

Grufti-Gefühle kamen auch auf, als ich eines Tages eine Mutter ihren Sohn „Kevin“ rufen hörte. Es war das erste Mal, in einer Straßenbahn. Zusammen mit Matthias hatte ich natürlich den Film „Kevin allein zu Haus“ im Kino gesehen. Aber das eigene Kind auf den Namen eines Kinohelden taufen? Für uns Babyboomer wäre das undenkbar.

Wir Babyboomer heißen Claudia, Birgit, Susanne, Sabine und Simone, Frank, Thomas, Stefan, Jürgen – und Martin.

Inzwischen ist ja alles möglich. Manche Vornamen geben, anders als früher, keinen Hinweis auf das Geschlecht mehr.

Leserinnen erinnern sich bestimmt an David Cassidy, den Schönen aus der „Partridge Familie“. Diese US-Serie wurde zwischen 1972 und 1976 in der ARD ausgestrahlt und erzählte die Geschichte einer Familienband.

Auch wir Babyboomer hatten unsere Kelly Family.

David Cassidy spielte in der Serie nicht nur einen Sänger, sondern besang auch Schallplatten. Für seine Lebensleistung wurde er, obwohl noch nicht volljährig, mit dem Bravo-Otto des Jahres 1973 ausgezeichnet. Unsterblichkeit erlangte er, als Hugh Grant in dem Film „Vier Hochzeiten und ein Todesfall“ sagte: „Mit den Worten von David Cassidy, ähm, als er noch bei der ‚Partridge Familie‘ war, äh: ‚I think I love You‘.“

Für mich – wie für die Frauen meiner Generation – hatte er sich schon vorher in das Gedächtnis eingemeißelt. Er zierte nämlich das Titelbild der ersten „Bravo“, die ich gekauft habe. Nichts avancierte mehr zum Sinnbild einer Babyboomer-Jugend als die „Bravo“.

Es waren die Jahre, als der Montag noch kein „Focus“-Tag, aber der Donnerstag schon der „Bravo“-Tag war. Wie überall sonst, konnten wir Babyboomer auch bei Zeitschriften nur unter wenigen wählen, zwischen „Bravo“ und „Pop“. Erst später fächerte sich das Angebot auf, erschienen zum Beispiel Zeitschriften nur für Mädchen.

Das schmale Angebot stellte – wie ja auch beim Fernsehen mit wenigen Programmen – sicher, dass alle dasselbe gehört, gesehen und gelesen haben und auf dem Schulhof darüber reden konnten. Wie musste Marc Bolan sterben? Wie bereitete sich David Cassidy auf Konzerte vor? In welchem Augenblick wurde Daniel Gerard, dem Sänger des Hits „Butterfly“, der Hut geklaut? Nicht „Spiegel“-, sondern „Bravo“-Leser wussten schon damals mehr.

Der Philosoph Friedrich Nietzsche hat die Theorie von der ewigen Wiederkehr des Gleichen formuliert, und die „Bravo" lieferte jede Woche den Beweis dafür. Eine Ausgabe bestand – in dieser Reihenfolge – aus Popstar-Artikel, Foto-Roman, Aufklärungs-Doppelseite mit Dr. Korff und Dr. Sommer, „Bravo"-Poster, Starschnitt-Ausschnitt, englisch- und deutschsprachige Hitparade, Songtext der Woche. Wie war ich süchtig danach!

Mit dem abgeschlossenen Foto-Roman trug die „Bravo" zur sittlichen Erziehung von uns Jugendlichen bei. In einer Geschichte schläft ein Mädchen mit dem Jungen einer Schausteller-Familie, die mit Boxautos (Auto-Skooter) von Kirmes zu Kirmes zog. Der Junge reist ab und hinterlässt dem Mädchen, wie es zu spät feststellt, eine falsche Telefonnummer. Als die Regel ausbleibt, bekommt das Mädchen Muffensausen. Dann kommt die Regel aber doch und das Mädchen schwört sich, nie mehr ein solches Abenteuer einzugehen.

In einer anderen Geschichte verschuldet sich ein junges Pärchen immer mehr. Der Mann kauft, ohne dass er eigentlich Geld hat, unter anderem einen weißen Opel Kadett B. Am Ende sehen die zwei ihren Fehler ein, schnallen den Gürtel eng und beginnen die Schulden abzustottern. Das Schlussbild entlässt den Leser mit der Botschaft: Das Wichtigste ist, dass wir einander haben, nicht einmal Schulden können unsere Liebe trüben.

In meinem orange-weiß gestrichenen Jugendzimmer mit dunkelbraunem Teppichboden hing – natürlich – ein „Bravo"-Starschnitt, von den Bay City Rollers. Die hasste ich zwar, wie an anderer Stelle erzählt, aber einen ABBA-Starschnitt muss ich verpasst haben und ich wollte keine 40 Wochen warten, bis ein nächster Starschnitt fertig war.

Wegen fehlender „Bravo"-Hefte – und damit Starschnitt-Teilen – kam es unter uns Babyboomern zu diplomatischen

Aktivitäten, die kein Angehöriger einer späteren Generation ermessen kann. Sie lehrten uns Ausdauer, die uns im weiteren Leben unter Vielen nützlich wurde. Wir klebten „Suche ...“-Zettel an das Schwarze Brett unserer Schule und trafen auf „Bravo“-Besitzer aus den höheren Klassen, mit denen wir die ersten Tausch- und Kaufgespräche unseres Lebens führten.

Auf der Doppelseite vom wichtigsten Aufklärer unserer Zeit, Dr. Korff, gehörte das Foto mit zwei sich umschlingenden Teenys noch zum Spannendsten. Die Tipps auf angebliche Leserfragen blieben unverbindlich nach dem Motto: Zu Risiken und Nebenwirkungen frag' deinen Arzt oder Apotheker. Dr. Korff zeigte sich aus gutem Grund nie selbst, denn es gab ihn nicht. Ich habe das erst Jahrzehnte später erfahren und fühlte mich getäuscht.

Einmal bat mich eine Tennispartnerin meiner Mutter, die ungefähr in ihrem Alter war, ein paar Ausgaben der „Bravo“ mitzubringen. Nach flüchtiger Lektüre fand sie, das Heft habe sich gegenüber früher, als sie die „Bravo“ gelesen habe, kaum verändert, aber bunter sei es geworden. Ich glaube, sie traf mit ihrem Eindruck ins Schwarze: In jeder jungen Generation sind Stars und Musik und Pubertät die großen Themen. Aber eine Jugend in den Siebzigern verlief bunter als eine in den Sechzigern und Fünfzigern – schon wegen des aufkommenden Farbfernsehens.

Die „Bravo“ war immer ein Spiegel der Zeit, in die sie hineinproduziert wurde. Das gilt immer noch – als Babyboomer wird es mir beim Durchblättern einer aktuellen „Bravo“-Ausgabe schwindelig. Sie wendet sich mit ihrer Bildsprache an Leser, die mit dem PC-Spiel und dem Internet-Bildschirm groß werden. Texte und Bilder gehen kunterbunt durcheinander und die Medien auch. Es gibt keine Moral mehr. CDs und DVDs liegen den Heft-Ausgaben bei.

Kein Zweifel, die Welt der „Bravo“ dreht sich schneller als zu unserer Zeit. Und diese Zeit ist noch bunter geworden.

Kürzlich hat mich Diane in Mainz besucht. Wir wollten ein paar Schritte durch die Stadt gehen und danach in ein Restaurant. Weil es an diesem Tag sehr heiß war, kaufte ich mir am Kiosk eine Flasche Mineralwasser und trank sie leer. Als ich die Flasche in den nächsten Mülleimer warf, fischte Diane sie heraus mit dem Hinweis, es handele sich um eine Pfandflasche, die sortenrein recycelt gehöre. Jeder Supermarkt nehme sie an. Inzwischen war aber kein Laden mehr offen, um die Flasche abzugeben. Diane steckte sie ein und kündigte an, sie am nächsten Tag zu entsorgen.

Typisch Generation Golf, dachte ich, denn Diane ist Jahrgang 1969. Grüne Prägung.

Aber dann fiel mir ein, dass Effi, die einige Jahre älter ist als ich, schon immer leere Joghurt-Becher in der Geschirrspülmaschine spült, bevor sie die Becher wegwirft. Der Müll aus dem Gelben Sack, erklärte sie mir einmal, werde von Hand verlesen und sie wolle den Leuten, die das täten, die Arbeit angenehmer machen.

Es ist also, musste ich eingestehen, keine Frage der Generation, ob ich etwas zum Schutz der Umwelt tue oder nicht, sondern des niedrig oder hoch entwickelten Bewusstseins. Wir Babyboomer haben miterlebt, wie sich das Bewusstsein für die Umwelt, aber auch für viele andere Themen, seit unserer Kindheit und Jugend massiv gesteigert hat.

Wir erinnern uns gut an die Zeit, als Umweltschutz eine Angelegenheit von Förstern war. Unsere Väter legten noch – ich erzählte es an anderer Stelle – am Gehweg ihr Auto unter Schaum und putzten die Kanalisation und das Erdreich darunter gleich mit. Später wurde das wilde Autowaschen verboten, so wie Bauern wilde Camper auf ihrem Feld verjagen.

Das neue Bewusstsein sorgt nicht nur dafür, dass wir

Mutter Erde besser behandeln als vor zwanzig, dreißig Jahren, wir ziehen uns auch gesünder an, essen gesünder und rauchen nicht mehr.

Wobei uns die Abwägung zwischen Genießen und Bequemlichkeit immer wieder auf harte Proben stellt. Ich erinnere mich an eine längere Autofahrt mit Ewald, einem Angehörigen der Generation Z, der nur Hemden und Hosen aus Bio-Wolle trägt. Mit einem solchen Stoff verhält es sich wie mit einer Knoblauchzehe: Wer danach riecht, merkt es selbst als Letzter. Mit zunehmender Hitze und Transpiration stank es im Innenraum des Wagens wie in einer Schüler-Umkleidekabine nach der Turnstunde.

Das neue Bewusstsein für gesunde Ernährung hat auch uns Babyboomer wieder gelehrt, dass ein Ei aus einem Huhn kommt und Marmelade einmal Früchte waren. Wir Babyboomer reagierten teils fasziniert, teils verdutzt auf die ersten Dritte-Welt-Läden, wo der Duft von Kaffee, Bio-Klamotten und Jute-Einkaufstaschen eine spezielle Melange einging, und die privat organisierten Bauernmärkte, die an den Einmach-Kult unserer Großeltern erinnerten. Der anfängliche Ruf von Bio-Produkten, dass sie doppelt so teuer und dafür nach der halben Zeit kaputt sind, ist verflogen. Heute kosten die Produkte zwar immer noch doppelt so viel und halten halb so lange, aber auch wir Babyboomer wissen, was wir an Öko-Zwiebeln haben.

Die heftigste Trendwende, die wir Babyboomer in Sachen Gesundheit erleben mussten, ist die Ächtung der Raucher. Ich kann über den Aufstieg und Niedergang des Zigarettenkults binnen eines halben Lebens nur staunen.

Noch viele unserer Eltern haben dank der Zigarettenmarke ihren Platz in der Gesellschaft gefunden. Die Werbung auf Litfasssäulen, in Zeitschriften und im Fernsehen – natürlich ohne störende Hinweise auf künftige Impotenz und Lungenkrebs – machte eine Zigarette zum Statussymbol. Während die HB mit dem HB-Männchen „Bruno" Volksnähe schuf, standen Peter-Stuyvesant-Raucher vor Flugzeugen oder Segelschiffen. Stuyvesant war etwas für die Elite (oder wer sich dafür hielt). Eine Frau rauchte Lord extra oder Ernte 23, der Mann Camel oder – natürlich – Marlboro.

Hermann zum Beispiel, ein Freund meines Vaters, trug voller Stolz eine rot-weiße Marlboro-Jacke. Seine Kumpels nannten ihn jetzt nur noch den Marlboro-Mann. Hermann freute sich und zog die Jacke jetzt noch lieber an.

Auch unter den Achtundsechzigern und der Generation Z gehörte das Rauchen noch selbstverständlich dazu, allerdings unter Ausgrenzung der Peter Stuyvesant. Der Tabak kam als Kraut direkt aus der Dose. In diesen Jahren wurden Stunden und Minuten als Zeiteinheit abgeschafft. Der Satz „Ich drehe mir vorher noch eine Zigarette" umfasste die Zeitspanne zwischen dem Anfeuchten, Befüllen und Anzünden eines Zigarettenblättchens und teilte einen Tag ganz neu ein.

In den siebziger und achtziger Jahren sahen die Autofirmen ganz selbstverständlich Aschenbecher rechts und links neben der Rücksitzbank vor. Auch wenn zwei Erwachsene auf dem Rücksitz eines Opel Manta A unbequem saßen, sollten sie bequem rauchen können. Heute gehören Aschenbecher sogar für Fahrer und Beifahrer zur Sonderausstattung, die ein Autokäufer eigens bestellen muss.

Die Zigarette schuf nicht weniger als Alltagskultur. Um sie herum entstanden Drehbücher und Liedtexte. Rainer Werner Fassbinder ließ den Protagonisten seiner Fernsehserie „Acht Stunden sind kein Tag" zum Zigarettenautomat gehen und eine Frau treffen. Sie gehen zu ihm und schlafen miteinander. Udo Jürgens sang in seinem Lied „Ich war noch niemals in New York" ebenfalls von einem, der eben mal Zigaretten holen geht und dabei über ein anderes Leben phantasiert. In der Krimiserie „Der Kommissar" bewegten sich die Schauspieler nur, wenn sie sich oder jemand anderem – meistens ein Mann einer Frau – eine Zigarette anzündeten. Heute steckt sich in einem Film nur noch der Böse eine Zigarette an.

Über eine ganze Industrie und ihr Produkt wurde der Bann verhängt. Wer noch raucht, muss sich auf der Zigarettenpackung davor warnen lassen, und er darf es nicht mehr im Büro oder auf einem Bahnhof, nicht einmal mehr in einer Kneipe tun.

Noch mehr als die Raucherin oder der Raucher haben die Trägerin oder der Träger von Pelzen das Bürgerrecht verwirkt. Jungen Leuten fällt die Abwesenheit von Pelzen in der weihnachtlich geschmückten Fußgängerzone gar nicht auf, aber wir Babyboomer wissen es noch besser. Selbst wenn das Geld nicht zu einem kompletten Pelzmantel reichte, trugen unsere Mütter und Väter echten Pelz um den Hals oder auf dem Kopf. Wir Babyboomer kuschelten uns noch daran.

Das Wort „Nerz“ stand für einen unerfüllten Traum, nicht für eine vom Aussterben bedrohte Tierart. Frankfurt war Schauplatz einer wichtigen Pelzmodenschau. Da gab es so viele Felle zu sehen und zu kaufen wie kaum sonst wo. Heute hätte eine solche Veranstaltung mehr Demonstranten vor der Halle als Besucher darin.

Doch nicht nur den Tieren mit wertvollem Pelz geht es heute besser, sondern auch dem gemeinen Federvieh. Hühnerställe mit Legebatterien sind heute so gut gesichert wie die Bank von England, damit keine Tierschützer einsteigen, erschütternde Szenen filmen und das Material einem Fernsehsender übergeben können.

Gleichwohl treibt auch die neue Tierliebe seltsame Blüten. Ich kenne keinen Babyboomer, der als Kind oder Jugendlicher eine Ratte als Haustier gehalten hat. Oder Spinnen. Oder Leguane.

Keine Tierart ist mehr vor ihrer Verhausschweinung sicher. In Mainz gibt es ein Lokal mit einem Aquarium, in dem Piranhas schwimmen.

Die wichtigsten Bewegungen, die sich Mitte bis Ende der siebziger Jahre formierten, sorgten für nichts weniger als für mehr Gerechtigkeit. Die Frauenbewegung machte den Prozess der Gleichstellung unumkehrbar und die Lesben- und Schwulenbewegung nahm gleichgeschlechtlicher Liebe das Stigma, das ihr bisher angehaftet hatte.

In der Firma, die mich beschäftigt, lässt die Gleichstellungsbeauftragte jedes Jahr ein Plakat mit den Prozentzahlen drucken, wieviel Frauen und wieviel Männer gerade in welcher Tarifgruppe arbeiten. Je höher die Tarifgruppe steigt, desto niedriger fällt der Frauenanteil aus. In der Geschäftsleitung zum Beispiel betrug die Frauenquote bis vor kurzem null Prozent.

Frühere Frauenrechtlerinnen und Gleichstellungsbeauftragte wählten noch den leidenschaftlichen Auftritt der früheren Gewerkschaftsfunktionärin Ursula Engelen-Kefer. Die Generation der Gleichstellungsbeauftragten von heute schlägt die Männer mit ihren eigenen Waffen, mit Statistik.

Ihre innere Ruhe kommt auch daher, dass die Gruppe, für die sie sprechen, zu einer inneren Ruhe gefunden hat. Ob heute eine Frau oder ein Mann etwas macht, spielt keine – oder doch fast keine – Rolle mehr. Babyboomer-Frauen treten heute, ohne es selbst zu hinterfragen und schon gar nicht hinterfragen zu lassen, in allen möglichen Manegen auf.

Die Männer unter den Babyboomern stellt das vor eine doppelte Herauforderung: Sie konkurrieren nicht nur um die weniger werdenden Führungsaufgaben in Unternehmen, die von Jahr zu Jahr an Personal schrumpfen, sie müssen einer Frau bei gleicher Qualifikation den Vortritt lassen. Diese Ungerechtigkeit wird zwanzig Jahre bestehen, so wie die Ungerechtigkeit in anderer Richtung 2000 Jahre bestanden hat.

Im Jahr 2001 hat die rot-grüne Bundesregierung die Partnerschaft von Schwulen und Lesben unter Rechtsschutz gestellt. Gleichgeschlechtliche Paare können seither einen gemeinsamen Namen tragen und unterliegen denselben Unterhaltspflichten wie heterosexuelle Paare. Auch können Schwule und Lesben Kinder adoptieren und haben dieselben Hinterbliebenenrechte wie Heteros. Damit hat die Lesben- und Schwulenbewegung ein wichtiges Ziel erreicht, die Besserstellung (wenn auch noch nicht Gleichstellung) gleichgeschlechtlicher Paare.

Auch gesellschaftlich gilt Homosexualität als akzeptiert. Prominente wie die Schauspielerin Ulrike Folkerts oder der Politiker Guido Westerwelle, beide – wie erwähnt – Babyboomer, stehen dafür.

Das haben wir Babyboomer einmal mehr den Achtundsechziger und der Generation Z, die auf sie folgte, zu danken. Wer sich in diesen Generationen als lesbisch oder schwul outete, riskierte noch etwas, den Bruch mit den Eltern oder die Karriere oder beides. Unzählige Lesben und Schwule führten ein angstvolles Doppelleben, das die Vorurteile der Heteros gegenüber den Homos nur noch bestärkte.

Ein Freund von mir, zehn Jahre älter, ist schwul. Bei ihm habe ich den psychischen Stress erlebt, den es bedeutet, das eigene Lesbisch- oder Schwulsein vor den Eltern geheimzuhalten. Zu jedem Weihnachtsfest fragte ihn seine Mutter, wann er ihr denn endlich Enkel schenken wolle. Inzwischen bringt er zum Weihnachtsessen immer seinen Partner mit. Seine Mutter fragt nicht mehr nach Enkeln, aber über das Thema, dass der Sohn schwul ist, haben Mutter und Sohn bis heute nicht geredet und sie werden es in diesem Leben auch nicht mehr.

Das Lebenspartnerschaftsgesetz von 2001 lag in der Luft. Die Politik folgte einem gesellschaftlichen Bewusstsein, das sich gewandelt hatte. Es wäre nicht nur unter einer rotgrünen, der Achtundsechziger-Bundesregierung gekommen, sondern auch mit einer CDU-Kanzlerin oder einem CDU-Kanzler – aber sicher später.

Kürzlich hat mich ein Kollege in der Firma, ein Angehöriger der Generation Golf, korrigiert, als ich ihn fragte, ob er zu einer Veranstaltung seine Partnerin mitbringen werde. „Ja, meinen Partner“, sagte er. Ein anderer Kollege, einer aus der Generation Praktikum, verlor über seine gleichgeschlechtliche Partnerschaft überhaupt kein Wort und kam händchenhaltend mit seinem Partner in den Saal.

Ich fand das ziemlich gut.

1964

Der Jahrgang 1964 ist ein besonderer, weil das Jahr 1964 ein besonderes war. Porsche stellt sein Modell „911“ vor, den einzig wahren Porsche aller Zeiten. Die britische Popgruppe „Rolling Stones“ tritt erstmals nicht mehr als Vorgruppe auf, sondern macht eine Tournee unter eigenem Namen. New Yorker Behörden genehmigen den Bau eines „World Trade Centers“. Der 110 Stockwerk hohe, zweitürmige Wolkenkratzer soll das höchste Gebäude der Welt werden. Die britische Popgruppe „The Beatles“ kommt mit dem Titel „I want to hold your hand“ erstmals auf Platz eins der amerikanischen Hitparade. Willy Brandt wird zum Parteivorsitzenden der Sozialdemokratischen Partei Deutschlands (SPD) gewählt. Bei einer Veranstaltung des Deutschen Modeinstitutes gibt es Kritik an der Mode deutscher Männer: korrekt und sauber sei die Kleidung, aber viel zu schwer und steif.

Eine vierköpfige Familie braucht in der Bundesrepublik mindestens 630 Mark, um über die Runden zu kommen. Die bisher gültige Preisbindung für Schokolade fällt. Zuerst wird eine Tafel „Tobler“ billiger, später ziehen Sarotti, Sprengel und Suchard nach. Statt 1,30 DM kostet eine Tafel nur noch eine DM oder sogar 70 Pfennige. Auch die Preisbildung für Alkoholisches – um im Bild zu bleiben – verflüchtigt sich.

Erstmals seit dem Mauerbau am 13. August 1961 dürfen Frauen und Männer aus der DDR – alle im Rentenalter – die Bundesrepublik besuchen. Die Telefongebühren in der Bundesrepublik steigen und fallen, zunächst von 16 auf 20 Pfennig pro Einheit, nach heftigen Protesten wieder auf 18 Pfennig. Schon in diesem Jahr heißt ein deutscher Politiker, der sogar Außenminister dieses Landes ist, Gerhard Schröder. Es wird Nicole geboren. Es wird Johannes B. Kerner geboren. Es wird Henry Maske, der erste gesamtdeutsche Held, geboren. Es wird Josephine Meckseper geboren. Es wird Jürgen Klinsmann geboren.

Wir Babyboomer stehen in den Vierzigern, zwischen ihrem Anfang und ihrem Ende. Von 2009 an wird in der Bundesrepublik Deutschland massenweise der 50. Geburtstag gefeiert. Eine solche Zahl lässt uns, nach dem Vierzigsten vor zehn Jahren, wieder einmal Bilanz ziehen. Es ist zwar immer noch eine Zwischenbilanz, aber keine mehr in der Mitte des Lebens. Anders als mit Vierzig liegt dann schon mehr Lebenszeit hinter als vor uns. Doch ob wir jetzt 44 oder 50 Jahre alt sind – wir haben unsere Lebenslinien gelegt. Wir können Überraschungen so häufig oder so selten erwarten wie Mittvierziger früherer oder späterer Generationen auch.

Wir sind bisher im Leben einen geraden Weg gegangen: Nahtlos nacheinander folgten Kindergarten, Schule, Ausbildungszeit, Beruf und die Familiengründung. Die Kinder sind häufig noch klein, weil ihre Mütter sie erst spät bekommen wollten. Wir haben vielleicht schon eine Ehescheidung hinter uns, was wir als bisher größte Niederlage unseres Lebens ansehen. Dann leben das Kind oder die Kinder bei der Mutter und der Vater ist mit einer neuen Partnerin zusammen. Die Mutter hat ebenfalls einen neuen Partner.

Im Beruf kommen wir langsamer voran als im Jahrzehnt zwischen Dreißig und Vierzig. Wir spüren die steigende Verdichtung von Arbeit: Wir müssen in unserer Firma, die Jahr ums Jahr Arbeitsplätze streicht, mit immer weniger Menschen immer mehr leisten.

Für uns gilt nicht mehr, was noch für viele unserer Eltern galt, dass wir immer weniger arbeiten und dabei immer reicher werden. Das nehmen wir klaglos hin, weil wir froh sind, einen Arbeitsplatz zu haben. Das gilt heute bekanntlich nicht mehr für alle. Wir wollen in der Firma, die uns schon seit Jahren beschäftigt, bis zur Rente bleiben, aber man weiß ja heute nie, was kommen wird. Wir geben jetzt unseren Eltern recht, die uns einst geraten haben, bei der Berufsauswahl auf Nummer sicher zu gehen. Auf ihren Impuls hin hatten wir eine Kfz-Mechanikerlehre gemacht (ein Beruf, der heute schon nicht mehr so heißt), eine Banklehre oder ein Jura-Studium absolviert.

Am Arbeitsplatz oder in der Freizeit hoffen wir manchmal, dass uns Jüngere fragen, wie es in unserer Kindheit oder Jugend so gewesen ist. Was würden wir erzählen? Wir waren auf keiner unfriedlichen Demo und haben keine freie Liebe praktiziert. Unser erstes Fahrrad bekamen wir mit Acht und die wichtigsten Kinofilme unseres Lebens heißen „Grease“ und „Dirty Dancing“. Doch weil wir nicht gefragt werden, bleibt uns die gelangweilte Reaktion der Fragerin oder des Fragers erspart. Nur wir Babyboomer selbst können ermessen, was wir geleistet haben.

Gern beobachten wir Gleichaltrige, welche Lebenslinien diese anderen Babyboomer gelegt haben, was wir nicht aus Neid, sondern aus Neugier tun. Jemand schrieb einmal über uns Babyboomer, unser Lebensmotto laute „Leben und leben lassen“, und ich finde, der Mann hat recht. Uns liegt das Sich-Vergleichen bei dieser Masse einfach im Blut. Wir nehmen den Weg einer oder eines anderen mit Gleichmut hin, denn wir wissen, wir hatten alle diesselben Startbedingungen für unseren lebenslangen Volkslauf.

Anders steht es mit dem Blick auf die Generationen um uns herum, die Achtundsechziger und die Generation Z einerseits, die Generationen Ally und Praktikum andererseits. Der Blick auf die Generation vor uns bestätigt uns, dass wir jung geblieben sind. Der Blick auf die Generation nach uns bestätigt uns ebenfalls, dass wir jung geblieben sind.

Goggo, einem Achtundsechziger, erzählte ich neulich, dass es jetzt das berühmte Motiv seines Revolutionshelden von einst, Che Guevara, im Baumarkt zu kaufen gibt, ein „Fertigbild“, so der Prospekt, eine „edle Kunstleinwand auf echtem Keilrahmen, oberflächenversiegelt“. Ich kenne für einen Helden keine schlimmere Strafe, als zum Warensortiment eines Baumarkts zu gehören. Lieber vergessen sein ...

Meine Hoffnung, Goggo mit diesem Hinweis zu provozieren, erfüllte sich nicht. Er schmunzelte und sagte: „Ich gehöre noch zu denen, die sich den Che-Guevara-Wandteppich und die Tasse direkt in Kuba abgeholt haben." Der Teppich hängt immer noch, und aus der Tasse trinkt Goggo jeden Tag.

Mit den Achtundsechzigern verbindet uns, dass sie, wie wir, ihr Leben linear führen, nacheinander, wie an einer Schnur entlang. Auch wenn die Achtundsechziger manchmal heftige Biegungen gemacht und Kurven gedreht haben, bleiben sie auf ihrer Linie und sich selbst treu.

Die heute Dreißig- bis Vierzigjährigen, die Generation Ally, aber noch mehr die Generation Praktikum, die zwischen Zwanzig- und Dreißigjährigen, verstehen dagegen ihr Leben als Patchwork, als Flickenteppich, der um immer neue Flicken, an welcher Kante auch immer, ergänzt wird. Ob sie mit 16 die Realschule oder mit 26 die Universität verlassen – sie wissen, dass sie, anders als wir, keine 20 oder 30 Jahre mehr in einer Firma arbeiten werden. Sie haben keine Vorstellung von Sicherheit, so wie noch wir Babyboomer. Ihr Bild von Zukunft ist unsicherer, aber auch offener, unklarer und flexibler. Trotzdem schläft ein Angehöriger der Generation Praktikum jede Nacht gut. Der Zwanzigjährige kennt es nicht anders, so wie wir es, als wir Zwanzig waren und auf Sicherheit gesetzt haben, auch nicht besser wussten.

Dabei braucht es für uns Babyboomer gar nicht den Vergleich mit anderen. Wir müssen uns nur über die einmalige Herausforderung klar werden, die unsere ganze Energie gebunden hat, das Bestehen inmitten unserer Masse. Wir hatten keine Zeit, das Land und die Welt politisch zu bessern, wir mussten im Schwarm von Gleichaltrigen unsere Identität und unseren Platz finden. Das geschafft zu haben, ist nicht wenig.

Ich war immer der Meinung, an einem Barren könne man gut Wäsche zum Trocknen aufhängen. Meine Turnlehrerin – sie nannte sich Sportlehrerin – sah das anders. Und sagte es auch.

Wirkliche Niederlagen haben wir Babyboomer, Hand aufs Herz, nur wenige erlebt. Okay, die üblichen Liebeshändel, und jetzt, mit Mitte oder Ende Vierzig, eine oder zwei Ehescheidungen. Aber eine wirkliche Niederlage bedeutete es, am Barren oder am Reck zu patzen.

Ich habe nie einen Aufschwung am Reck geschafft.

Weil ein Reck Platz braucht, fand der Turnunterricht schon immer außerhalb des Klassenzimmers statt. Aber weil wir Babyboomer so viele waren, ließ sich eine Turnstunde nicht leicht organisieren. In meinen ersten Schuljahren hatte ich „Turnen" in einer um 1900 gebauten Gemeindehalle mit Tanzfläche und Empore. Der Holzboden war nie erneuert worden. In die Turnstunde brachten wir sogenannte „Turnbeutel" mit, die unsere „Leibchen", sprich Unterhemden, Sporthosen und Sportschuhe aufnahmen. Ich kann mich nicht daran erinnern, dass wir nach einer Turnstunde geduscht hätten.

Als Trost für seine Selbstabschaffung – ich erwähnte es bereits – bekam unser Dorf, das per Verwaltungsreform eingemeindet wurde, eine Sporthalle geschenkt. Sie ließ sich mittels Vorhängen, die von der Decke herabgelassen wurden, in drei Abschnitte unterteilen. Seither, aber auch weil die Mädchen ihre Busen bekamen, feierten Mädchen und Jungs den Turnunterricht jeweils getrennt. Die Mädchen drehten sich in Hula-Hupp-Reifen, die Jungs mussten sich an der Kletterwand versuchen.

Noch heute gibt es diese blauen Gummimatten mit den vier Lederschlaufen, die wir am Anfang einer Turnstunde aus einem Nebenraum tragen und am Ende wieder dorthin bringen mussten. Wir fielen weich darauf, aber wir fielen eben auch hin.

In unseren markenlosen Trainingshosen und weißen Doppelripp-Leibchen sahen wir einfach elend aus.

Zum Glück blieb das nicht unser einziger Zugang zu Bewegung und Sport. Die Mädchen konnten ihr Körpergefühl im Ballett-Unterricht trainieren, den Jungs blieb der weniger elegante Fußball. Auf dem Bolzplatz rissen wir uns die Knie auf und tranken aus der Limonadenflasche eines Mitspielers. Es waren glückliche Stunden.

Der Sport vermittelte sich uns damals auch schon über das Fernsehen. Von der Olympiade 1972 als Fernsehereignis habe ich ja erzählt. Beschwerlicher war es, Zeuge eines anderen Weltgeschehens zu sein, einem der „Jahrhundertkämpfe" von Cassius Clay, der sich später Muhammad Ali nannte. Ali hatte seinen ersten Weltmeister-Titel in dem Jahr gewonnen, als die Deutschen am meisten Kinder auf die Welt brachten, 1964, aber zehn Jahre später boxte er – nach einer Pause – immer noch. Am 30. Oktober machte Muhammad Ali mit dem Kampf gegen George Foreman Afrika weltbekannt, denn der Fight fand in der Hauptstadt von Zaire, das sich heute Kongo nennt, in Kinshasa, statt. Ein Babyboomer hörte diese Namen zum ersten Mal in seinem Leben. Kinshasa konnte nicht um die Ecke liegen, denn die Live-Übertragung fand mitten in der Nacht statt und die Qualität, vor allem der Ton, war mäßig.

Auch das Publikum nahm, anders als die Mitteleuropäer, kein Blatt vor den Mund. Zuschauer riefen „Ali, bomaye!", „Ali, töte ihn!" Ali hatte zuvor die Bevölkerung am Ort mit seinem persönlichen Charisma elektrisiert. Muhammad Ali gewann den Kampf und gab einmal mehr eine seiner „I am the greatest"-Pressekonferenzen.

Dieser späte Muhammad Ali hat auch noch uns Babyboomer fasziniert. Wir verstanden nichts vom Boxen, erkannten aber sein Tänzeln im Ring, mit herabhängenden Armen, als Ali-typisch. Uns imponierte auch, dass man es mit einem großen Maul so weit bringen kann.

Und Muhammad Ali war Schwarzer. Schon damals stiftete der Sport ganz nebenbei eine Multikulti-Toleranz.

Auch innerhalb Deutschlands wurden mit seiner Hilfe Vorurteile abgebaut, etwa die Vorbehalte der Deutschen gegen die Bayern. Ohne die Kicker des 1. FC Bayern München war bei der Fußball-Weltmeisterschaft 1974 im eigenen Land nichts zu holen. Zwei Mannschaften dominierten zu dieser Zeit die Bundesliga, Borussia Mönchengladbach und eben die Münchener. Die Sympathien außerhalb von Bayern lagen eindeutig bei den Gladbachern mit ihrem Torwart Wolfgang Kleff. Jetzt also konnten sie entweder gemeinsam oder überhaupt nicht an den wichtigsten aller Titel kommen.

Die Geschichte dieser Wochen ist, zuletzt vor der Fußball-Weltmeisterschaft 2006, oft erzählt worden. Wir Babyboomer haben sie damals schon miterlebt. Die deutsche Nationalmannschaft aus Bayern und Borussen hatte ihre beste Zeit schon hinter sich. Sie bot keinen Traumfußball mehr wie in den Jahren zwischen 1971 und 1973. Wir Babyboomer haben die Schrecksekunde erlebt, wie Jürgen Sparwasser die DDR-Auswahl zum 1:0-Sieg über das Team der Bundesrepublik schoss, in diesem ersten deutsch-deutschen Kräftemessen überhaupt. Wie die Mannschaft von Bundestrainer Helmut Schön die wichtigste Schlacht gewann, die je in Frankfurt geschlagen wurde, die „Wasserschlacht“ im Waldstadion gegen die Polen. Wie Zuschauer bei der Schlussfeier pfiffen, als die „Fischer-Chöre“ das Lied „Tulpen aus Amsterdam“ anstimmten, vielleicht als Reminiszenz an den späteren Endspiel-Partner Holland. Das fanden heißblütige Fans der deutschen Mannschaft gar nicht witzig.

Wenn uns einer sagt: „Weißt du noch, wie …?“, erinnern wir uns nicht nur an diesen Augenblick der Sportgeschichte, sondern auch daran, wo wir selbst in dieser Sekunde gewesen sind und was wir dabei empfunden haben. Beim WM-Endspiel 1974 zum Beispiel saß ich auf einer lindgrünen, dreisitzigen Couch. Um ihre braun-rustikalen Füße herum war eine Bahn mit grünen Kordeln angenäht. Mein Vater lag auf der einen Seite der Couch und belegte zwei Kissen, ich kauerte mich an der anderen Seite auf das letzte, verbliebene. Das war mein Lieblingsplatz beim Fernsehen. Meine Mutter und die Brüder belegten eine Zweier-Couch und die Sessel. Es war keine Frage, dass dieses Spiel im „Familienkreis", wie es noch immer so schön heißt, verfolgt wurde. Es standen Cola-Flaschen und Crackers auf dem Tisch.

Heute wissen wir, dass Berti Vogts mit Fieber, 39 Grad, in dieses Endspiel gegangen ist. Dass sich Bernd Hölzenbein mit einer „Schwalbe" den Ausgleich zum 1:1 erflogen hat. Dass der unangepasste und afro-mähnige Paul Breitner den Titel gerettet hat, als er den Ball hinter dem geschlagenen Sepp Maier auf der Torlinie mit der Brust annahm und aus der Gefahrenzone bugsierte.

Die Holländer haben an diesem Tag druckvoller gespielt. Aber die Deutschen haben gewonnen.

Der Fußball blieb wichtig, auch dann noch, als sich die deutsche Nationalmannschaft nicht mehr so geschickt anstellte wie zu Zeiten von Günter Netzer und „Bomber" Gerd Müller. Neben den Volkssport Fußball trat der Modesport Tennis. Das Tennis wurde zu etwas, was heute das Golfspielen ist, eine relativ teure Freizeitbeschäftigung, bei der es neben dem sportlichen Erfolg auf Geselligkeit ankommt.

Tennis wurde – auch dank der deutschen Wimbledon-Sieger Steffi Graf und Boris Becker – so beliebt, dass sogar Dörfer ihre eigene Tennisanlage mit Klubhaus bekamen. Die Vereine verlangten, zusätzlich zum Jahresbeitrag, ein Eintrittsgeld von einigen hundert Mark, so wie heute in einem Golfverein hunderte Euros verlangt werden. Die Nachfrage bestimmte schon immer den Preis.

Der Tennissport gab auch Gelegenheit, dass die Familie

ihre Freizeit gemeinsam verbrachte. Für uns Babyboomer war es selbstverständlicher als für die Generationen später, dass Eltern und Kinder auch die Freizeit gemeinsam teilten. Auf jeden Fall teilten wir Babyboomer sie in einer Gruppe. Fitness-Studios, eine Angelegenheit von Singles oder Pärchen, waren zu unserer Zeit unbekannt.

Überhaupt sind wir Babyboomer die letzte Generation, die von Sport noch eine traditionelle Vorstellung hat. Als Sport galten die olympischen Disziplinen und Fußball und Tennis. Der sogenannte Individualsport war zwar schon erfunden, in den siebziger Jahren wurden deutsche Wälder mit „Trimm-Dich-Pfaden" übersät. Doch als wir Babyboomer in das Jogging-Alter kamen, sahen wir an den „Trimm-Dich fit"-Stationen schon keine Sportler mehr.

Karen Zebroff versuchte im deutschen Fernsehen, das Yoga bekannt zu machen. Der Durchbruch kam trotzdem erst viel später. Leider sind wir Babyboomer zu früh geboren, um auf der Aerobic-Welle mitzusegeln. Jane Fonda war hübscher als Karen Zebroff. Die Kampfsportart Kung-Fu war nur etwas für Freunde des Kung-Fu-Kinohelden Bruce Lee.

Welchen Sport sollen wir Babyboomer heute, da die Knochen mürber werden, treiben? Ich habe mit Anfang Vierzig bei einem Weihnachtskick in einer Sporthalle mitgemacht. Ein bisschen Warmlaufen wird schon reichen, um die frühere Fitness wieder zu haben, dachte ich. Natürlich brach ich mir einen Knöchel. Das passierte an diesem Nachmittag noch einem anderen Mitspieler. Nicht einmal das Mitleid hat ein Babyboomer ganz für sich.

Es gibt einen „Lauftreff" für die sogenannten Jungsenioren, aber im Wald warten schon die Zecken auf uns. Auch ein Bad im Baggersee verbietet sich, dank der Algen holen wir uns einen Hautausschlag. Im Mainzer Hallenbad gibt es keinen Warmbadetag. Wenn ich mir ein teures Fahrrad kaufe, wird es geklaut. Wenn ich auf einem billigen fahre, muss ich mich abmühen.

Also doch Golfen lernen, mit der Vorerfahrung, die wir als Kinder auf dem Minigolf-Platz gesammelt haben? Ich erinnere mich daran, wie ich einmal meinen Ball nicht über den Wassergraben brachte, den Ball aus dem Wasser fischen wollte und dabei im Graben ausgerutscht bin. Ich hatte an diesem Tag – wir machten Urlaub in Italien – eine hellblaue Hose an. Weil wir vor dem Abendessen nicht mehr ins Hotel kamen, durfte die Hose an meinem Po trocknen.

Wir Babyboomer müssen uns demnächst um unser Alter kümmern. Seit wir vierzig wurden, und das ist schon ein paar Jahre her, flattern wöchentlich Angebote von Banken und Versicherungen für eine Zusatzrente ins Haus. Der Rentenberater in der Firma, die mich beschäftigt, hat mir einen Lohnverzicht zugunsten der Altersversorgung vorgeschlagen. Nach meiner ersten dilettantischen Berechung muss ich 120 Prozent Lohnverzicht leisten, um im Alter ein wildes Leben zu führen.

Einen Trost inmitten des Elends gibt es aber: Nach der Statistik werden wir Vierundsechziger nicht uralt, erreichen 77,12 Jahre, erst die Jahrgänge danach halten länger durch.

Über die Zukunft zu spekulieren, ist müßig, denn die ist auch nicht mehr, was sie einmal war. Fest steht, dass wir Babyboomer uns vom Jahr 2020 an aus dem Berufsleben ausschleichen werden, der Heraufsetzung des offiziellen Rentenalters zum Trotz. Dank unserer Mütter und Väter haben wir erlebt, dass ein Mensch mit 60 langsam aber sicher müde wird – nicht müde am Leben, aber am ewiggleichen Rhythmus seiner Tage, Monate, Jahre. Hinzu kommt, dass Arbeit für uns weniger Sinn stiftet, als sie es noch für unsere Eltern getan hat. Wir können zwar auch Workaholics sein, aber wir haben unsere Freizeit, sprich andere Lebensfelder, bewusster und aktiver gestaltet als unsere Elterngeneration.

Wir werden also brav machen, was die Bundesregierung mit einer „Rente mit 67“ (oder dann erst mit 70 oder 77) im Schilde führt: Wir hören mit sechzig oder etwas später auf und nehmen von der ohnehin kleinen Rente weitere Abschläge hin.

Ob nun ein paar Jahre früher oder später – zwischen 2020 und 2030 werden wir zu „Versorgungsempfängern“. Wir fallen dann in ein Versorgungsloch oder besser einen

Versorgungskrater. Die Gründe dafür sind bekannt: Unter anderem haben wir viel weniger Kinder gezeugt, als wir selbst sind. Wir hatten eben immer schon die Pille, anders als unsere Eltern. Seit 1972 sterben mehr Menschen, als geboren werden. 2002 war die Zahl der Kinder gegenüber dem Spitzenjahrgang 1964 nur noch halb so hoch. Wer soll für uns noch die Rentenkasse füllen? Die Last auf den Schultern der arbeitenden Generationen Golf und Praktikum wird trotzdem schwer sein. Vielleicht werden sie diese Last nicht hinnehmen und einen Aufstand der Jüngeren gegen die Älteren proben.

Ich amüsiere mich immer über Prognosen, um wieviel die Babyboomer-Rente kleiner sein wird als die Rente von heute. Vier Fünftel davon werden wir noch haben, lautet eine aktuelle. Bestimmt kommt es schlimmer. Hätten wir Babyboomer uns vom ersten Arbeitstag an die Butter auf der Brezel gespart, so wie noch unsere Eltern (anfangs, weil sie es mussten, später, weil sie es nicht anders kannten), bräuchten wir die staatliche Rente nicht. Aber wir Babyboomer sind eine Konsumentengeneration. Wir haben am Wochenende kein Picknick mit selbstgeschmierten Broten im Stadtpark gemacht oder – absoluter Luxus für unsere Eltern – eine Woche Wanderurlaub in Tirol, sondern wir fuhren mal schnell zum Musical nach London oder buchten uns für zwei Wochen auf Mauritius ein.

Wir konnten auch noch damit planen, dass der Staat, an den wir laut Generationenvertrag jeden Monat Erkleckliches abdrücken, einmal für uns sorgen würde. Wir Babyboomer wuchsen vielleicht nicht mehr mit einem Vertrauen in die Kirche, aber mit einem Vertrauen in den Staat auf. Der Staat würde unsere Gesundheit bewahren und ein würdiges Alter möglich machen. Wir Babyboomer sind die letzte autoritätsgläubige Generation in der deutschen Geschichte.

Der wichtigste Sozialpolitiker der achtziger Jahre, Norbert Blüm, ließ auf ein Wahlplakat mit seinem Bild den Satz drucken: „Denn eins ist sicher – die Rente." Die Politik brauchte Jahre, um uns reinen Wein einzuschenken. Informationsbroschüren, die ich heute aus dem Briefkasten ziehe, schreiben schöngeistig vom Drei-Säulen-Modell, auf dem unsere Altersversorgung ruhe – Rente vom Staat, Firmenpension und eigenes Vermögen. Mit anderen Worten: Der Generationenvertrag gilt nicht mehr.

Zusammen mit meinen Altersgenossen füttere ich drei Generationen durch, die letzten Angehörigen der Flakhelfer-Generation, die ersten Wohlstandskinder dieser Republik und die Frührentner der Achtundsechziger. Wer Kinder hat, zahlt auch für sie mit. Wenn wir schon Großmutter oder Großvater sind, geben wir für die Enkel etwas dazu. Wir Babyboomer sind die Melkkühe. Wir haben auf unsere Bedeutung in der Gesellschaft lange warten müssen und jetzt zahlen wir einen hohen Preis dafür.

Wie kommen wir da selbst noch zu etwas? Unser noch auf Sparbüchern deponiertes Geld geht – besonders in Familien – für die Lebenshaltung drauf. Die Altersversorger der Babyboomer sind – verdrehte Welt – ihre Eltern. Unsere Mütter und Väter haben eine Sparleistung ohne Beispiel erbracht: Sie gingen früh arbeiten und hörten spät damit auf und legten stets etwas für ihre Kinder zurück. Weil sie dieses Geld häufig schon zu Lebzeiten weitergeben, können wir heute noch eine Wohnung oder ein Haus kaufen und uns für das Alter mietfrei stellen. Die Babyboomer sind eine Erbengeneration.

Viele von uns werden – weil sie nichts erben oder das Geld vorzeitig aufbrauchen mussten – im Alter kurz treten. Aber damit kommen wir Babyboomer besser klar als spätere Generationen, die weicher gebettet groß geworden sind. Wir haben noch die letzten Nachkriegsknappheiten erlebt. Bei Andreas, Jahrgang 1961, gab es zu Hause keine Limonade, bloß „Tri Top", den Getränkesirup. Tri Top schmeckte so ähnlich und kostete weniger. Essen gehen war überhaupt nicht drin. Viele Babyboomer erinnern sich noch an ihre erste Pizza im Restaurant oder an die erste Flugreise. Da waren sie aber schon zehn und manche erst fünfzehn. Auch von einer Materialschlacht in deutschen Kinderzimmern wussten wir noch nichts.

Trotz enger geschnalltem Gürtel muss unser Alter nicht langweilig werden. Denn die Achtundsechziger gehen vor uns in Rente und werden uns auch bei diesem Thema die Leitgeneration sein. Dass die Achtundsechziger so altern wie unsere Mütter und Väter, ist nicht zu erwarten. Dafür weicht schon ihr bisheriges Leben zu sehr von dem unserer Eltern ab. Sie werden das Alter nicht nur in der Kleinsteinheit Ehe verbringen, sondern zusammen mit Freundinnen und Freunden, auch mit mehreren Generationen unter einem Dach. In einer Wohngemeinschaft haben sie ihr Leben als Erwachsene begonnen, in einer Wohngemeinschaft werden sie es beschließen.

Architekten werden für die neuen Wohnformen neue Häusertypen schaffen. Wir Babyboomer werden die erste Generation sein, die diese Wohnformen für selbstverständlich nimmt.

Doch wir Babyboomer verlassen uns nicht nur auf das, was uns andere vormachen. So viele, wie wir dann immer noch sind, begründen wir eine eigene Alterskultur. Eine ganze Industrie wird sich um uns kümmern dürfen. Schon heute gibt es Fitness-Studios für Senioren. Wir werden das Alter nicht länger als letzte, sondern als nächste Lebensphase sehen. Wir werden Sex haben und joggen und neue Sprachen lernen. Wir werden in Rockkonzerte gehen, uns mit 75 ein neues Gebiss machen lassen und noch einmal heiraten.

In zwanzig bis dreißig Jahren wird mehr als ein Drittel der Einwohner Deutschlands über sechzig Jahre alt sein. So viele Alte wir sein werden, lassen wir ganze Städte altern. Baden-Baden, schon heute eine Stadt der Alten, wird sehr häufig sein. Aber das wird uns nicht stören, denn als Babyboomer ist und bleibt uns das Zusammenleben in der Großgruppe vertraut.

Wo die Kinder und jungen Leute fehlen, kommt es zu einem Rückbau, sprich dem Abriss städtischer Einrichtungen. Meine frühere Schule, gebaut aus Betonklötzen, ist heute wie erwähnt schon zum Teil eine Volkshochschule. In zehn oder zwanzig Jahren wird sie mangels Schülern abgetragen.

Auf jeden Fall wird unser „Reise nach Jerusalem"-Spiel im Alter weitergehen. Wenn der Spitzenjahrgang 1964 mit Sechzig aufwärts zu kränkeln beginnt, also von 2024 an, stellt er das Gesundheitssystem dieses Landes auf seine härteste Probe. Dann gibt es schon die Zwei-, Drei- oder Vier-Klassen-Medizin. Aber wir Babyboomer haben auch, weil von der Erfahrung der Masse geprägt, ein Gefühl für Solidarität. Wir werden uns auch im Alter nicht wie Einzelkinder verhalten.

Noch auf dem Friedhof werden wir Babyboomer viele sein, allen effektiven Bestattungsritualen zum Trotz. Erst wenn die oder der Letzte von uns unter der Erde liegt, haben die Deutschen ihre fruchtbarste Phase nach 1945 bewältigt.

Dank

Ich danke Caroline, Dorothee, Heidi, Maxi, Susanne, Andreas und Werner für wertvolle Hinweise. Und ich danke Johanna für den Satz: „Träume nicht Dein Leben, lebe Deine Träume."

Karin und Rudolf Walter haben Thema und Autor vom ersten Augenblick an mit Gleichmut ertragen. Vielen Dank dafür!

Lieber Hilmar Titze, Sie hätten sich über dieses Buch gefreut. Sie fehlen.

Liebe Leserin, lieber Leser,

was haben Sie als Babyboomer erlebt? Und was als mitfühlende Angehörige, wenn Sie früher als 1959 und später als 1964 geboren wurden? Schreiben Sie mir Ihre schönen, lustigen, bizarren oder traurigen, auf jeden Fall Ihre ganz eigenen Erinnerungen! Und schicken Sie Fotos dazu! Wir Babyboomer können uns an unserer Garderobe und unseren Frisuren nicht satt sehen ...

Der Verlag richtet eine Internetseite ein, auf die ich spannende Texte und Fotos stelle (mit Ihrer Zusendung erklären Sie sich damit einverstanden). Die ersten von uns mussten Fünfzig werden, bis eine solche Internet-Seite entstand.

Aber es ist noch nicht zu spät.

Adresse: www.babyboomer-forum.de

M. R.